本书获得2015年国家自然科学基金"农业科技成果转化中农户间知识共享和农业技术扩散的机理与关系"（71563027）、2015年江西省科技厅软科学计划项目"基于全要素网络的江西省战略性新兴产业群形成与演化研究：机理、模型与政策"（20151BBA10004）、2014年江西省社会科学"十二五"规划项目"泛在知识环境下基于全要素网络的江西省战略性新兴产业群形成与演化研究"（14GL09）资助

全要素网络与产业集群发展

TOTAL FACTOR NETWORK FOR
THE DEVELOPMENT OF INDUSTRIAL CLUSTERS

喻登科　周荣　等 ◎ 著

经济管理出版社
ECONOMY & MANAGEMENT PUBLISHING HOUSE

图书在版编目（CIP）数据

全要素网络与产业集群发展/喻登科，周荣等著．—北京：经济管理出版社，2018.7

ISBN 978-7-5096-5910-6

Ⅰ.①全… Ⅱ.①喻… ②周… Ⅲ.①互联网络—应用—产业集群—产业发展—研究 Ⅳ.①F263-39

中国版本图书馆 CIP 数据核字（2018）第 169611 号

组稿编辑：杜　菲
责任编辑：杜　菲
责任印制：黄章平
责任校对：王淑卿

出版发行：经济管理出版社
（北京市海淀区北蜂窝 8 号中雅大厦 A 座 11 层　100038）
网　　址：www.E-mp.com.cn
电　　话：（010）51915602
印　　刷：北京玺诚印务有限公司
经　　销：新华书店
开　　本：720mm×1000mm/16
印　　张：14.25
字　　数：204 千字
版　　次：2018 年 9 月第 1 版　2018 年 9 月第 1 次印刷
书　　号：ISBN 978-7-5096-5910-6
定　　价：68.00 元

·版权所有　翻印必究·
凡购本社图书，如有印装错误，由本社读者服务部负责调换。
联系地址：北京阜外月坛北小街 2 号
电话：（010）68022974　邮编：100836

序

2010年，从哈尔滨工程大学博士毕业后，我转入南昌大学从事教学科研工作。算下来，从接触学术和科研至今，已经走过了近11个年头。从一个科研菜鸟到现今自诩的"颇有成就"（感谢博士生导师刘希宋教授对我的启蒙式培养），经历了很多，也成长了很多。在成长过程中，学会了很多知识与技能，也发现了一些问题。例如，为什么中国的学者总喜欢跟随国际前沿，跟在别人的后面做一些零星的、补充性的研究？为什么中国的科研测评体系总向国际论文倾斜，而无形贬损在国内期刊发表的学术论文？如果要成为领军一方的大学者，成为开创一套理论乃至一个学科的大学问家，应该如何做到？这些问题思考到最后总是让人纠结，难以找到平衡。

但有一个答案却总是浮现心头，挥之不去——要做好学术，一定要开创自己的理论；一项好的创新，一定是来自理论上的颠覆式创新。为了这个目标，近年来，我所带领的"科技创新与知识管理"研究团队一直在致力于创建两个理论——全要素网络和知性管理，并坚持在这两个理论上精耕细作，深度经营。到目前为止，围绕这两个理论都分别发表了近10篇学术论文。自认为，到了一个里程碑阶段，也许是应该总结一下了。于是，就有了本书，用于总结团队在全要素网络领域的研究成果。

产生"全要素网络"这一想法，最开始是来自母校哈尔滨工程大学赵金楼教授的网络维力理论的激发。事实上，一定要做属于自己的理论研究，也是受了赵金楼教授思想的影响，他一直在坚持"网络维力"理论的原创性研究。而同时，在2011年前后，中国的产业经济发展热点是大力建设战略性新兴产业与推进产业协同创新。那么,将"网络"的想法结合到产业经济中,是否能更有效地探索产业经济协同发展的本质与规律呢?为了回答这一问题,2011年,研究团队以全要素网络为名撰写了国家自然科学基金申请书。很遗憾,没中标,理由是想法太超前,没有现实背景可供验证。于是,这一想法被搁置。到了2014年,网络经济和物联网技术飞速发展,共享经济理念兴起,更坚定了我要做全要素网络理论的信心与决心。于是,便有了团队发表的第一篇论文《基于四网融合的产业升级与新兴产业培育研究》。在这篇论文中,我们都没敢直接提出全要素网络的概念,而是希望做一个铺垫,首先研究四网融合。而且,团队先后申请了两个省级课题的经费资助。有了经费资助和成果压力,于是在2015年,团队开始加大力度,集中力量提出全要素网络理论,研究全要素网络的特征以及全要素网络理论在产业集群发展中的指导应用。因此才有了2016年大量发表的相关研究成果。但是,目前的研究仅止于理论创新与个案分析,还未能做更为普遍性的大样本实证,使得我们的理论仍存在局限。随着我国产业经济的不断转型与发展,未来可供我们验证的样本量会大得多,而用实证分析来验证我们的理论观点,将是未来团队的研究方向。

迄今为止,在全要素网络理论层面,研究团队发表了9篇学术论文,这些论文构成了本书的主体内容。为了尽量保证每一章内容的相对完整性,我们将学术论文放入本书的时候,没有做太多的裁剪和修改,可能会出现个别图形或个别段落意思表达重复的情况。本书的内容可以大致分为三个部分:第一部分,包括第一章和第二章,用来提出四网融合与全要素网络的基本概念,为全要素网络理论奠基;第二部分,包括第三、第四、第五章,分别论述全要素网络的3个特征——网络维力、虚实二象性和场态效应,以及这3个特征对产业集群转型升级和演化发展的影响;第三部分,包括第六、第七、第八、第九章,重点在于论证互联网经济背景下,全要素网络对产业集群发展的指导性意义。此外,第十章简单补充了本书的结论与展望,以此做结。

第一至第九章的内容,有着很多人的共同参与和努力。第一章,主要完成人是喻登科、周荣和孙德忠；第二、第三、第四、第五章，主要完成人是喻登科与周荣；第六章，姜睿清、喻登科为主要完成人，薄秋实共同参与；第七章，周荣为主要完成人，喻登科和刘显球共同参与；第八章，喻登科和周荣为主要完成人，刘静华共同参与；第九章和第十章，由喻登科执笔完成。在此感谢所有人的努力付出，感谢团队成员在全要素网络理论研究领域做出的贡献。

本书的出版，还得益于多方面的支持。感谢江西省科技厅和江西省社会科学界联合会的项目经费资助；感谢《科技进步与对策》和《情报杂志》期刊社对我们研究成果发表的支持；感谢南昌大学管理学院领导的支持和团队成员的共同努力；感谢妻子和儿女对我事业的无私支持。本书的出版，不是全要素网络理论研究的结束，而是开始。本书将作为一个里程碑，用以总结过去，但它更是一个"风向标"，将会开启未来。我们有着一个远大的目标，将全要素网络理论培育为互联网经济、共享经济背景下解释产业经济发展的核心理论。为实现这一目标，我们还需要更多的付出与努力，还需要有更"顶天"和"立地"的探索，还需要有更多人、更多机构的支持。当然，这些都是后话，但是，至少这本书我们已经准备好了，等待接受读者的检阅和批评。

喻登科
于南昌大学管理学院 E507 室
2018 年 4 月 10 日

前　言

　　产业集群的内在本质是全要素网络，其形成与演化规律遵循着全要素网络形成与演化的规律。本书提出了由知识网、价值网、社会网和物联网融合而成的全要素网络理论，认为其核心精神是所有生产要素在网络中共享与重组，从而提高要素利用效率，同时实现生产与经营模式创新；它具有网络维力、虚实二象性、场态效应等特征，这些特征主导着全要素网络的形成与演化；全要素网络的形成与演化，主宰着传统产业的升级、新兴产业的培育、产业集群的演化等；在泛在知识环境、"互联网＋模式"下，全要素网络理论更具实用性与可行性，并实际上推动着当前经济模式的变革；根据全要素网络理论，能够预见未来的产业经济模式向大产业整合方向转型发展。围绕以上思路，课题团队对基于全要素网络的产业集群形成与演化机理和模型进行了系统研究，取得了非常丰硕的研究成果。主要研究内容如下：

　　第一章介绍了研究的背景以及一些相关的基本概念，在此基础上明确四种网络之间的关系，提出四网融合的基本思想以及辨析四网融合对产业集群创新发展的积极作用。由此，提出本书的主要命题、观点以及研究内容，形成研究方法与创新之处。最后，评估研究的技术水平与潜在应用价值。

　　第二章提出战略性新兴产业集群的全要素网络概念，研究其结构和内在关系，构建理论框架模型，并从动力机制、组织协调机制、利益分配机制和保障机制等方面对全要素网络中的要素共享机制进行全面阐释。以南昌市高新区生物医药产业集群为例，对全要素网络的构成和要素共享过程进行案例讨论。

第三章提出价值网、社会网、知识网和物联网四网融合的理念，讨论四网融合与组织经营的关系，构建四网融合的理论框架，并在此基础上提出全要素网络的概念和架构模型。结合网络维力理论，剖析全要素网络的互通力、群聚力和同步力，并探索三种网络维力对产业变革的深刻影响。总结提炼了全要素网络维力作用下的新兴产业集群形成机理，包括互通力作用下的资源汇聚机理、同步力作用下的协同感知机理和群聚力作用下的泛在聚合机理。

第四章在研究四网联动、四网融合及其与产业集群组织经营关系的基础上，提出全要素网络的概念、结构与框架。对全要素网络的虚实二象性进行剖析，认为全要素网络的虚象是知识的共享与计算网络，而实象是要素的分布式存储网络，实象与虚象之间存在着关联与映射关系。从虚实相生和虚实替代两种作用关系出发，分别研究了产业集群的生成与演化机理，对要素网络优化建设视角促进产业集群的可持续发展具有重要的理论指导价值。

第五章从"场"理论视角切入，界定产业网络的场源、场力和场势等场态特征，提出产业网络场的概念。进而分析产业网络的物理形态和虚拟形态，研究产业网络两种形态的演化机理与交互作用。结合场态特征与产业网络形态，将场态效应对产业网络演化的带动作用分为六种模式，分别探讨这六种模式下的产业网络演化路径，明晰其对传统产业升级和新兴产业培育的作用。剖析场态作用下的传统产业升级模式和新兴产业培育模式，为我国产业网络建设和转型升级提供理论借鉴。

第六章在分析"互联网+"环境中全要素网络运行机制的基础上，探讨全要素网络维力作用下的产业集群生成机理，明晰产业集群生成的供给导向型、需求导向型、供给—需求融合型三种模式，希冀能为"互联网+"背景下政府进行传统产业集群转型升级与新兴产业集群培育提供政策指引。

第七章从构建农业生产中的全要素网络理论模型入手，分析全要素网络与"技农贸一体化"之间的关系，提出三种"技农贸一体化"的模式，即"公司+农户"模式、家庭农场模式和农业电商模式，并对三种模式下的要素整合能力进行比较分析。进而，整合互联网技术与可持续发展理念，引出"互联网+农业"发展模式，并结合全要素网络理论归纳"互联网+农业"可持续发展的四条路径。以供销e家为案例进行分析，阐述了它的全要素网络架构和"技农贸一体化"道路，并说明其对"互联网+农业"可持续发展的启示价值。

第八章分析泛在知识环境下的全要素网络形成机理，进而在此基础上提出大产业整合的战略构想，认为依靠泛在计算技术，促进全要素网络中的各种资源要素高效流转，促进产业链整合，形成更具能力与效率的大产业，是未来产业经济的发展方向。而这种大产业整合战略的落实则主要依靠泛在知识环境驱动的传统产业升级、新兴产业培育以及新老产业的重组和一体化发展等来逐步完成。这种战略构想为中国未来的产业经济发展方向提出一种全新的认识，大产业的战略意图对于中国经济转型具有重要的参考价值。

第九章在分析江西省产业经济发展新形势的基础上，将全要素网络理论引入，应用于指导江西省产业集群建设与经济发展，为江西省促进新兴产业集群形成、演化和实现大产业整合协同发展提供启示与政策建议。由此体现全要素网络理论的现实应用价值。

第十章为全书结论，对全要素网络的系统理论、观点与价值进行总结。

在中国大力发展共享经济、平台经济、新经济的背景下，全要素网络理论有着重要的应用指导意义。希冀本书提出的全要素网络理论能够得到认可与发展，也欢迎有更多同行能够交流、批评与研讨。

目 录

第一章 绪论 ··· 001
　一、研究背景 ··· 001
　二、基本概念 ··· 018
　三、四网融合理念的提出 ··· 021
　四、四网融合与产业集群创新的关系 ····························· 025
　五、命题、观点与主要研究内容 ··································· 038
　六、研究方法与创新之处 ··· 040
　七、技术水平与潜在应用价值 ····································· 041
　八、本章小结 ··· 042

第二章 战略性新兴产业集群中的全要素网络模型及要素共享机制 ··· 051
　一、战略性新兴产业集群中的全要素网络模型 ··················· 052
　二、基于全要素网络的战略性新兴产业集群要素共享机制 ········ 057
　三、案例分析 ··· 063
　四、本章小结 ··· 066

第三章 全要素网络维力、产业变革与新兴产业集群形成 ········· 071
　一、四网融合下的全要素网络 ····································· 073

二、全要素网络的网络维力 ……………………………… 078
三、全要素网络维力作用下的产业变革 ………………… 081
四、新兴产业集群形成机理 ……………………………… 086
五、本章小结 ……………………………………………… 091

第四章 全要素网络的虚实二象性与产业集群的生成与演化机理 …… 096
一、产业集群中的全要素网络 …………………………… 097
二、全要素网络的虚实二象性 …………………………… 102
三、虚实相生：产业集群的生成机理 …………………… 105
四、虚实替代：产业集群的演化机理 …………………… 108
五、本章小结 ……………………………………………… 110

第五章 基于场态效应的产业网络演化模型 …………… 113
一、产业网络及其场态特征 ……………………………… 114
二、产业网络场的演化机理 ……………………………… 117
三、场态效应对产业网络演化的带动作用 ……………… 120
四、场态效应作用下的传统产业升级模式 ……………… 124
五、场态效应作用下的新兴产业培育模式 ……………… 127
六、本章小结 ……………………………………………… 130

第六章 "互联网＋"背景下的全要素网络及产业集群生成机理与模式 …… 134
一、"互联网＋"环境条件对产业集群发展的支撑作用 ………… 136
二、"互联网＋"背景下产业集群全要素网络及其运行机制 …… 139
三、"互联网＋"背景下基于全要素网络的产业集群生成机理 …… 144
四、"互联网＋"背景下基于全要素网络的产业集群生成模式 …… 146
五、本章小结 ……………………………………………… 149

目 录

第七章 全要素网络、"技农贸一体化"与"互联网+农业"可持续发展 ········ 152
- 一、农业生产中的全要素网络模型 ········ 154
- 二、基于全要素网络的"技农贸一体化"模式 ········ 158
- 三、"互联网+农业"的可持续发展路径 ········ 163
- 四、案例分析 ········ 168
- 五、本章小结 ········ 171

第八章 泛在知识环境下的全要素网络形成与大产业整合战略构想 ········ 175
- 一、泛在知识环境对未来经济发展模式的影响 ········ 176
- 二、泛在知识环境下的全要素网络形成机理 ········ 179
- 三、基于全要素网络的大产业整合战略 ········ 184
- 四、泛在知识环境下大产业整合战略的落实 ········ 188
- 五、本章小结 ········ 193

第九章 全要素网络理论对江西省推动产业经济发展的启示与建议 ········ 196
- 一、产业经济发展面临的新形势 ········ 196
- 二、全要素共享是未来产业经济发展的新趋势 ········ 198
- 三、打造要素共享平台的关键是要建设和依托全要素网络 ········ 199
- 四、利用全要素共享平台促进江西省传统产业升级与新兴产业集群式发展 ········ 201
- 五、本章小结 ········ 204

第十章 结论与展望 ········ 205
- 一、主要结论 ········ 205

二、研究不足与展望 ················· 207

与本书相关的学术论文发表情况 ············· 209

后　　记 ······················ 210

第一章 绪论

一、研究背景

(一) 全球进入知识经济时代

知识经济（The Knowledge Economy）是知识资源在生产中占主导地位，知识产业成为龙头产业的经济形态。根据 OECD（1996）的定义，知识经济就是"以知识为基础的经济"（The Knowledge – based Economy）[1]，是建立在知识资源的生产、分配与消费基础上的经济形态。在知识经济时代，知识要素取代传统经济形态中的劳动、物质、资本等要素，而成为最为核心的要素资源。1997年，美国总统克林顿正式提出了"知识经济"这个新名词，受到世界各国的普遍关注和广泛认可。

知识经济理论的发展至少可分为三个阶段：第一阶段可追溯至20世纪60年代初所提出的基于科学技术的新型工业经济时代（在我国学术界又称为后工业经济时代）的概念。相关学者认为，信息密集型产业和技术密集型专业化服务行业的发展，将全球经济推向了一个与传统经济完全不同的新形态，技术知识创新成为该形态下知识经济发展的主要推动力[2]。

第二阶段为20世纪90年代,该阶段的研究学者重点关注如何通过知识要素的管理、知识资源的获取与创新而提高知识密集型产业的劳动生产率和投资回报率[3]。知识管理理论就起源于这个阶段,该阶段知识经济发展的重点是知识活动的组织与管理[4]。第三阶段为21世纪,知识经济与传统经济充分融合,产生了以互联网、大数据、物联网为技术支撑的智能经济[5][6]。知识资源的组织与管理充分融入传统产业,从而促进传统产业向知识密集型产业转型升级,同时激发新兴产业的培育与发展,全面提高产业经济中的知识与技术水平。

国内外很多学者都在思考同一个问题:全球是否已经进入知识经济时代?[7][8][9]这是一个比较难以回答的问题,因为这涉及关于知识经济时代的衡量标准——当全球或者一个国家、一个区域的知识型产业经济比例达到什么水平,才算进入知识经济时代。这个标准尚无法建立。然而,"知识经济时代已经来了"或者"21世纪,全球正在步入知识经济时代"的观点还是得到很多支持的[10][11]。世界已进入知识经济时代的特征主要体现在以下几个方面:

特征一:主要国家和区域的制造业就业人口比例持续下降(如图1.1所示);但是,与此形成对比的是,R&D密集型制造业的就业人口比例在持续上涨(如图1.2所示)。

特征二:知识资本投入强度持续增大。如图1.3所示,在欧盟和美国的产业经济中,知识资本的投入强度呈显著的持续增长趋势,而与此相反,机器和设备等固定资本形成总额的投入强度则显著下降。

特征三:以知识资本密集为特征的信息产业快速发展。进入21世纪后,各国信息产业的劳动生产率水平要比所有产业的平均劳动生产率水平高出60%(如图1.4所示)。

特征四:R&D密集型制造业取得国际竞争优势,产品出口能力持续增强。如图1.5所示,无论是OECD还是非OECD国家,R&D密集制造业的出口能力指数均呈现显著的持续增长态势。

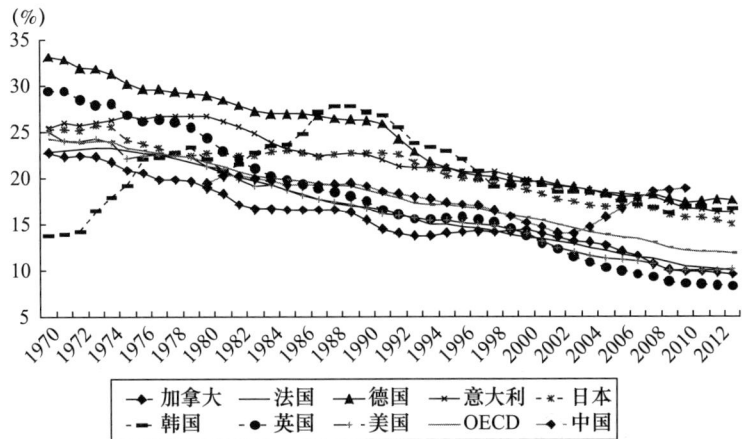

图 1.1　OECD 主要国家制造业就业人口占总就业人口的比例（1970~2012 年）

资料来源：OECD. OECD science, technology and industry scoreboard 2015: Innovation for growth and society [R]. Paris: OECD Publishing, 2015. DOI: http://dx.doi.org/10.1787/sti_scoreboard-2015-en.

数据链接：http://dx.doi.org/10.1787/888933272877.

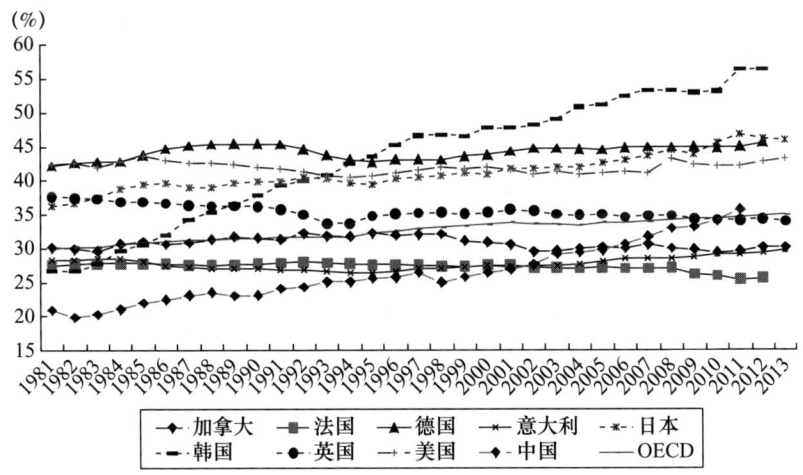

图 1.2　OECD 主要国家 R&D 密集型制造业就业人口占制造业就业人口的比例（1981~2013 年）

资料来源：OECD. OECD science, technology and industry scoreboard 2015: Innovation for growth and society [R]. Paris: OECD Publishing, 2015. DOI: http://dx.doi.org/10.1787/sti_scoreboard-2015-en.

数据链接：http://dx.doi.org/10.1787/888933272887.

全要素网络与产业集群发展

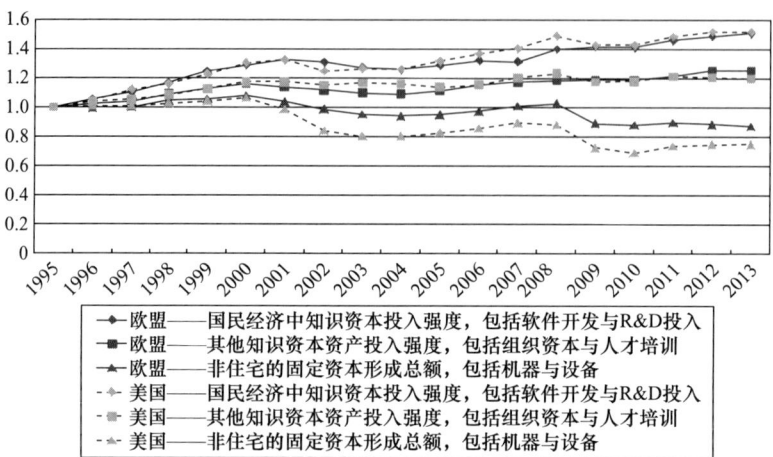

图 1.3　欧盟与美国产业经济投入中知识资本投入的强度（1995～2013 年）

注：强度定义为产业经济投入占国民经济增加值的比例，1995 年指数 =1。

资料来源：OECD. OECD science, technology and industry scoreboard 2015: Innovation for growth and society [R]. Paris: OECD Publishing, 2015. DOI: http://dx.doi.org/10.1787/sti_scoreboard-2015-en.

数据链接：http://dx.doi.org/10.1787/888933273008.

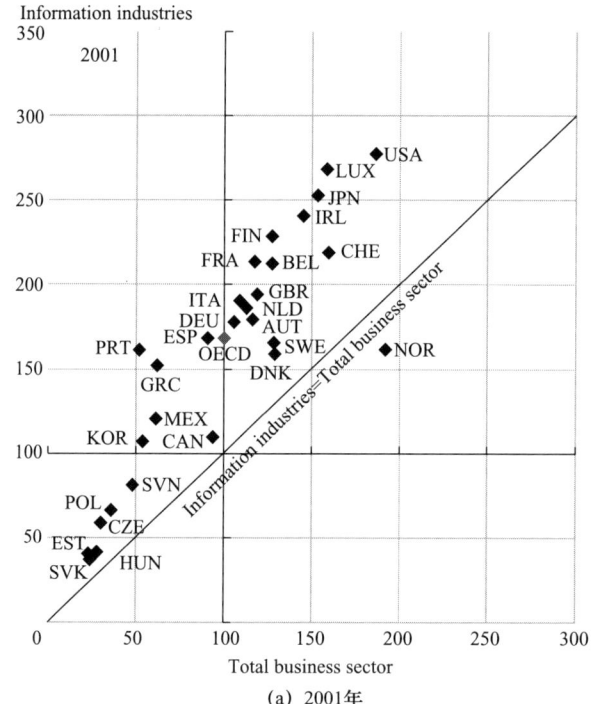

(a) 2001年

图 1.4　OECD 国家信息产业的劳动生产率（2001 年和 2013 年）

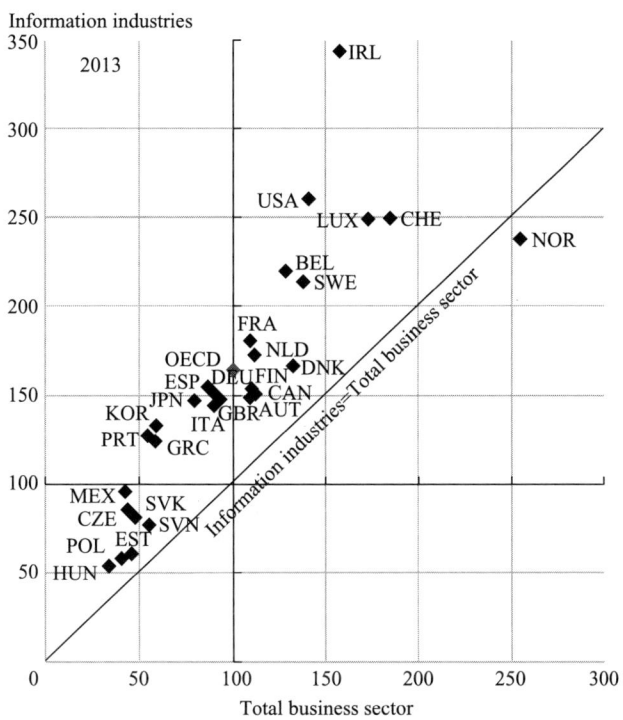

(b) 2013年

图 1.4　OECD 国家信息产业的劳动生产率（2001 年和 2013 年）（续）

注：OECD 国家全部产业经济部门的劳动生产率指数 = 100。

国家简称：USA - 美国；LUX - 卢森堡公国；JPN - 日本；IRL - 爱尔兰；CHE - 瑞士；FIN - 芬兰；BEL - 比利时；FRA - 法国；GBR - 英国；ITA - 意大利；NLD - 荷兰；AUT - 奥地利；SWE - 瑞典；DNK - 丹麦；DEU - 德国；ESP - 西班牙；OECD - 世界经济合作与发展组织；PRT - 葡萄牙；GRC - 希腊；MEX - 墨西哥；CAN - 加拿大；KOR - 韩国；SVN - 斯洛文尼亚；POL - 波兰；CZE - 捷克；EST - 爱沙尼亚共和国；HUN - 匈牙利；SVK - 斯洛伐克；NOR - 挪威。

资料来源：OECD. OECD science, technology and industry scoreboard 2015: Innovation for growth and society [R]. Paris: OECD Publishing, 2015. DOI: http://dx.doi.org/10.1787/sti_scoreboard-2015-en.

数据链接：http://dx.doi.org/10.1787/888933272994.

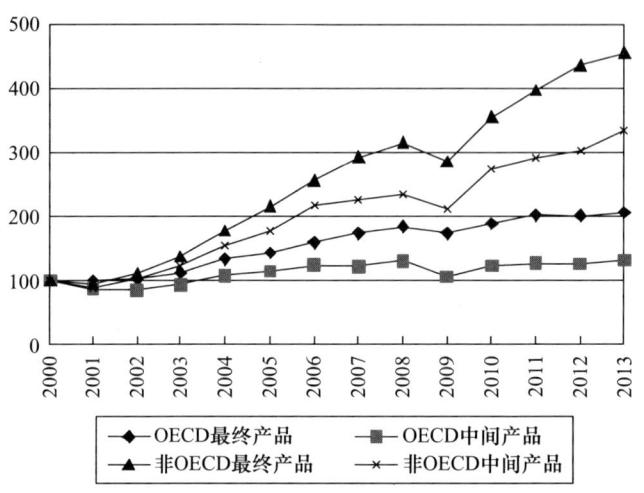

图 1.5　OECD 和非 OECD 国家 R&D 密集型产业中间产品与最终产品的出口能力指数（2000 年 =100）

资料来源：OECD. OECD science, technology and industry scoreboard 2015：Innovation for growth and society [R]. Paris：OECD Publishing, 2015. DOI：http：//dx.doi.org/10.1787/sti_ scoreboard - 2015 - en.

数据链接：http：//dx.doi.org/10.1787/888933273084.

特征五：科学技术的研究与试验发展能力持续增强，企业 R&D 与知识产权能力显著提升。如图 1.6 所示，OECD 国家近 30 年来基础研究、应用研究和试验发展的能力均呈显著提升态势，尤其是基础研究方面的能力提升更为显著。而图 1.7 展示了 OECD 国家 TOP 2000 家公司在 R&D 和知识产权方面的竞争态势。图 1.7 中显示，R&D 支出与知识产权创造能力几乎具有一致的趋势，显示出非常强的关联关系。R&D 支出和知识产权均反映出聚集态势，越是实力强劲的公司，R&D 投入能力越强，而其在知识产权方面的竞争优势也越强。

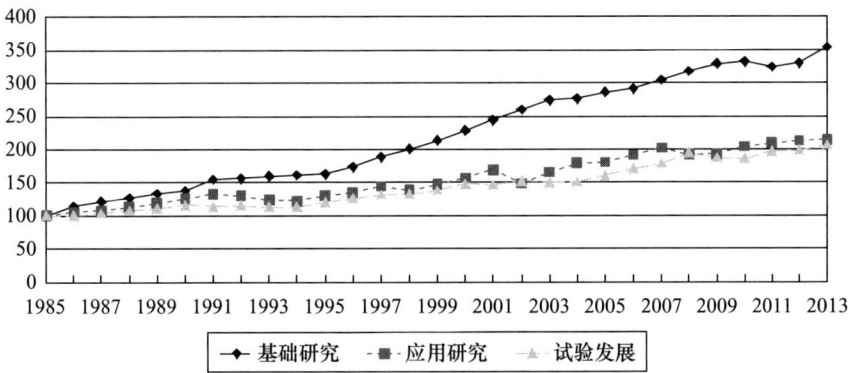

图1.6 OECD国家基础、应用研究与试验发展能力指数（1985年=100）

资料来源：OECD. OECD science, technology and industry scoreboard 2015: Innovation for growth and society [R]. Paris: OECD Publishing, 2015. DOI: http://dx.doi.org/10.1787/sti_scoreboard-2015-en.

数据链接：http://dx.doi.org/10.1787/888933273241.

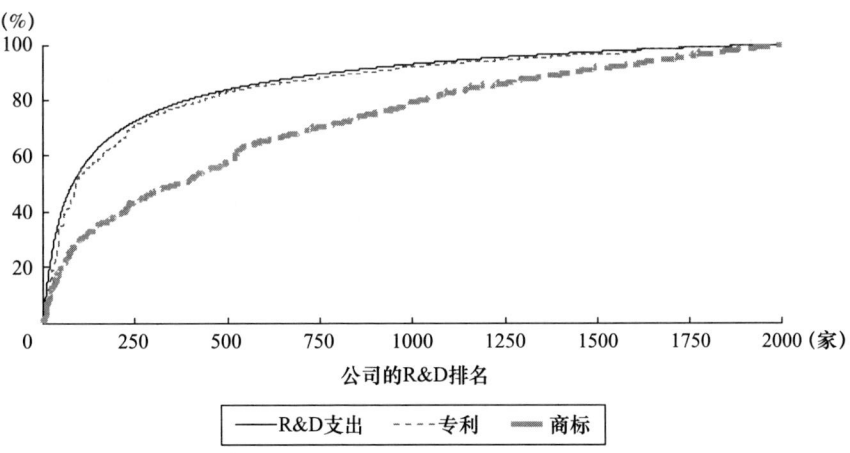

图1.7 Top 2000家公司的R&D经费支出与知识产权

资料来源：OECD. OECD science, technology and industry scoreboard 2015: Innovation for growth and society [R]. Paris: OECD Publishing, 2015. DOI: http://dx.doi.org/10.1787/sti_scoreboard-2015-en.

数据链接：http://dx.doi.org/10.1787/888933273408.

（二）我国知识经济开始发展

那么，中国是否已进入知识经济时代？或者说，中国距离知识经济还有多远？自1997年中国引入知识经济的概念以来，就引发了诸多讨论。但不可置疑的是，自改革开放以后，中国的科技、经济都有了非常显著的发展；以科技力量促进经济发展，也一直是我国的核心战略；在一定程度上，我国的国家战略、制度、改革思路中都依循着知识经济的指导思想。例如，1988年，中国开始实施高新技术产业化发展计划（火炬计划），到2012年，全国共批准建设了114个国家高新技术产业开发区；2006年，在全国科技大会上胡锦涛宣布中国要建设"创新型国家"，到2020年经济增长的科技进步贡献率要提高到60%以上，全社会研发投入占GDP的比率要提高到2.5%；2009年，我国正式提出发展战略性新兴产业的方略，发展目标定为到2015年，战略性新兴产业增加值占GDP的比率达到8%左右，到2020年该比率要争取达到15%。由此，我国产业经济的发展战略中具有了显著的知识经济特征，科技创新、知识驱动，成为我国经济的核心增长点。我国的知识经济特征主要包括：

特征一：中国人口的平均受教育年限显著增长，文盲率下降，接受高等教育的人口占总人口比例显著扩大，就业人口中大专及以上学历人口持续增长。

1990年中国人口的平均受教育年限约为6.26年，2000年提高为7.62年，2010年最高水平的北京人口平均受教育年限高达9.99年。

1995年我国15岁以上人口中文盲、半文盲人口的比重高达12%，2010年第6次人口普查时该比率约为4.88%，到了2014年，该比率降为4.6%。

1991年，每十万人口高等学校的平均在校生数仅为304人，到2000年，增长到723人。而到了2010年，迅速增长为2189人。截至2013年底，每十万中国人口有2418人正在接受高等教育。

1990年，每十万人口中大专及以上学历人口有1422人。到2000年，该数据增长到 3611 人。而到了 2010 年,每十万人口中大专及以上学历人口变为 8930 人。及至 2013 年,从 1041825 个 6 岁及以上人口的抽样调查中,发现大专及以上学历人口 117925 人,每十万人口中拥有大专及以上学历人口高达 11319 人。

特征二:R&D 投入能力显著增强,包括 R&D 人员全时当量、R&D 经费支出及其占 GDP 的比例等,如表 1.1 所示。由表 1.1 中可以看出,近 10 年,中国的 R&D 投入能力有显著提升,R&D 人员投入能力增长超过 3 倍,而 R&D 经费支出水平增长逾 6 倍。2013 年,R&D 经费支出占 GDP 的比重超过 2%,达到一个全新的水平。

表 1.1　2004~2013 年中国的 R&D 投入状况

年份 R&D 投入能力	2004	2005	2006	2007	2008	2009	2010	2011	2012	2013
R&D 人员全时当量（万人年）	115.3	136.5	150.2	173.6	196.5	229.1	255.4	288.3	324.7	353.3
#基础研究	—	11.5	13.1	13.8	15.4	16.5	17.4	19.3	21.2	22.3
应用研究	—	29.7	30.0	28.6	28.9	31.5	33.6	35.3	38.4	39.6
试验发展	—	95.2	107.1	131.2	152.2	181.1	204.5	233.7	265.1	291.4
R&D 经费支出（亿元）	1966.3	2450.0	3003.1	3710.2	4616.0	5802.1	7062.6	8687.0	10298.4	11846.6
#基础研究	117.2	131.2	155.8	174.5	220.8	270.3	324.5	411.8	498.8	555.0
试验发展	1448.7	1885.3	2358.4	3042.8	3820.0	4801.0	5844.3	7246.8	8637.6	10022.5
#政府资金	523.6	645.4	742.2	913.5	1088.9	1358.3	1696.6	1883.0	2221.4	2500.6
企业资金	1291.3	1642.5	2073.7	2611.0	3311.5	4162.7	5063.1	6420.6	7625.0	8837.7
R&D 经费支出与国内生产总值之比（%）	1.23	1.33	1.42	1.44	1.54	1.70	1.76	1.84	1.98	2.08

资料来源:历年《中国统计年鉴》。

特征三:科技成果产出能力显著增强,包括发表科技论文、专利申请与授权情况等,如表 1.2 所示。从表 1.2 中可知,我国科技创新水平迅速提升，在基础研究领域（创新成果主要以发表论文和出版专著等形式体现），科技成果产出水平有显著提升；但尤为值得注意的是，在应用开发领域（创新成果主要以专利形式体现），专利申请和专利授权数呈爆发增长趋势。2013年专利申请受理数是2005年专利申请受理数的5倍，同期，专利申请授权数更是增长了5.45倍。我国以华为为首的企业创新主体依靠自主创新形成了一批具有国际竞争力和市场竞争优势的专利成果。

表1.2 2005~2013年中国的科技成果产出状况

年份 科技成果产出	2005	2006	2007	2008	2009	2010	2011	2012	2013
发表科技论文（万篇）	94	106	114	119	136	142	150	152	154
出版科技著作（种）	40120	42918	43063	45296	49080	45563	45472	46751	45730
科技成果登记数（项）	32359	33644	34170	35971	38688	42108	44208	51723	52477
国家技术发明奖（项）	40	56	51	55	55	46	55	77	71
国家科学技术进步奖（项）	236	241	255	254	282	273	283	212	188
专利申请受理数（件）	476264	573178	693917	828328	976686	1222286	1633347	2050649	2377061
#发明专利	173327	210490	245161	289838	314573	391177	526412	652777	825136
专利申请授权数（件）	241003	268002	351782	411982	581992	814825	960513	1255138	1313000
#发明专利	53305	57786	67948	93706	128489	135110	172113	217105	207688

资料来源：历年《中国统计年鉴》。

特征四：技术市场成交额连年上升（如图1.8所示），我国企业变得更加重视技术成果的交易与利用。从图1.8中可以看出，我国技术市场成交金额呈显著的上升趋势：2004年成交额仅为1334亿元，但10年后，成交额增长到 7469 亿元，年均增长率超过 20%。

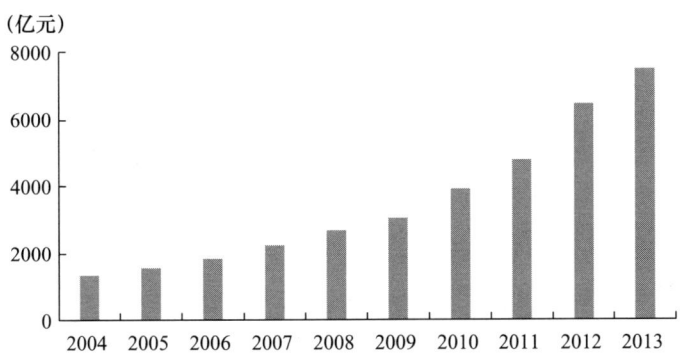

图 1.8　2004～2013 年的中国技术市场成交额

资料来源：历年《中国统计年鉴》。

特征五：高技术产品进出口能力显著增强，贸易顺差呈扩大趋势。如图 1.9 所示，中国近 10 年来高技术产品的进口、出口金额都显著增长，连续 10 年均为贸易顺差，在一定程度上表明我国的高技术产业和产品在国际上具有市场竞争力。

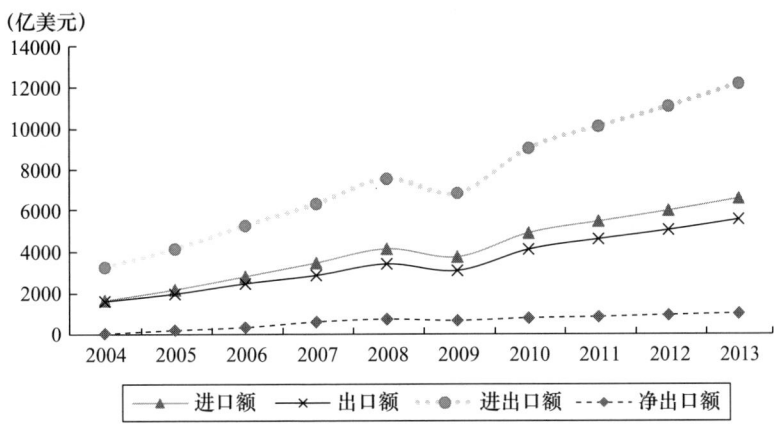

图 1.9　2004～2013 年中国高技术产品的进出口额

资料来源：历年《中国统计年鉴》。

结合5个方面的特征分析可知，教育、研发、科技创新等在支撑我国经济发展过程中起着重要作用，企业重视技术的开发、交易与应用，产业层面侧重高技术产业的发展。因此，我国的经济也具有显著的知识密集特征，在一定程度上可判定我国走入了知识经济时代。

（三）知识管理理论渐趋成熟

知识管理的理念，由日本学者Nonaka（1991）在 The Knowledge Creating Company 一文中首次提出[12]，目前已经有了较长的发展历史。在维基百科中，知识管理被定义为一个包括组织知识获取、开发、共享和利用的过程，目的是通过最佳的应用知识资源来促进组织目标的实现。在百度百科中，知识管理的概念包括三个方面的丰富内涵：①知识管理是基于知识技术和面向知识系统开发的管理；②知识管理是基于知识流程循环而促使知识资源持续开发与积累，进而生成知识资本的过程；③知识管理的目标是辅助决策，提高企业组织的环境、市场适应能力。

最初，知识管理是在信息管理基础上衍生出来的一个概念，其主要支撑技术包括知识库（Knowledge Base）、专家系统（Expert System）、知识仓库（Knowledge Repository）、群组决策支持系统（Group Decision Support System）、内网（Intranet）、外网（Extranet）、计算机辅助协作平台（Computer–aided Cooperative Work）等。后来，随着知识管理理论研究的深入，开始将知识管理的维度延拓到管理战略（Strategy）、管理流程（Process）、管理方案（Measurement）等方面，成为企业管理职能（Function）形成的有机组成部分。再后来，信息技术与组织管理理论进一步融合，就有了风靡一时的学习型组织（Learning Organization）、学习型社会（Learning Society）、共享型文化（Knowledge Sharing Culture）、知识实践社区（Knowledge Practice Community）等新概念。目前，知识管理理论已经形成了较为完善的体系，属于一门由经济学、管理学、信息科学、计算机科学、图书馆学等诸多学科整合而成的交叉学科。

我国大约在20世纪末引入知识管理理论。1999年，知识管理研究的国外论著被翻译出版。乌家培（1999）对知识管理做了科学定义[13]；2000年，王方华教授的《知识管理论》出版[14]。国家自然科学基金委管理科学部将企业知识管理问题研究作为2000年的鼓励研究领域，以此为标志，国内学术界掀起一波知识管理研究的热潮[15]。因此，2000年也被称为国内的"知识管理元年"。随后，知识管理的"旋风"还刮到管理实践中，大中型企业纷纷开展知识管理实践，例如恒大集团、三九医贸、首都机场、招商地产、美的集团、新东方、恒源祥等国内知名企业都启动过知识管理项目。

1. 知识管理的理论体系

知识管理已经形成了非常丰富的理论体系。从内容上，知识管理包括基于信息技术支持的管理（知识管理软件平台的开发）、知识型组织的管理、知识管理机制与文化的建设、知识型员工的管理等；从流程上，知识管理包括知识创生、知识获取、知识学习、知识共享、知识转移、知识整合、知识应用等；从职能上，知识管理包括知识战略、知识组织、知识激励、知识绩效评估等；从层级上，知识管理包括个人知识管理、团队/项目知识管理、组织内知识管理、组织间知识管理、产业知识价值链管理、产业知识网络管理、国家政府知识管理等；从对象上，知识管理包括隐性知识管理和显性知识管理等。此外，与知识管理相关联的管理学概念还有：知识资本（Knowledge Capital）、知识竞争力（Knowledge Competence）、智力资本（Intellectual Capital）、智慧管理（Wisdom Management）、智能管理（Intellectual Management）、知识网络（Knowledge Networks）、学习型组织（Learning Organization）等。知识管理理论公认地适用领域主要是新产品开发（New Product Development）、技术创新（Innovation）、物流管理（Logistics Management）、市场营销（Marketing）、档案管理（Document Management）、管理信息化（IT Application in Management）等方面。

根据Earl Michael（2001）的论述，知识管理研究目前可以分为系统、图解式、工程、商务、组织、空间、战略7个学派[16]。其中，前三个学派属于技术学系统；第四个学派属于经济学系统；后三个学派可归为行为学系统。系统学派强调利用信息技术提取专家知识，建立知识库（Knowledge Base）；图解式学派侧重建立知识地图（Knowledge Map），以实现知识的辨识与分类管理；工程学派强调对企业流程进行以知识流为引导的业务重组（Business Reengineering）；商务学派强调将知识当作资产或资本来管理，涉及知识审计（Knowledge Audit）等概念；组织学派强调交互性知识行为的作用，重点放在知识共享、知识转移、知识整合等组织群体行为上；空间学派是一种哲学理念，强调知识管理的社会性特征，重视社会资本（Social Capital）的培育与开发；战略学派将知识管理视为企业组织核心竞争力（Core Competence）与持续竞争优势（Sustainable Competitive Advantage）的战略来源，强调利用知识管理的战略设计来创造价值和赢得竞争。

很多国内外学者致力于知识管理研究，提出了各种知识管理理论模型。比较知名的有 Nonaka（1998，2008）的 SECI 模型和"巴"理论[17][18]、Fraunhofer 中心（2003）提出的知识管理一般活动模型[19]、Arthur Andersen 公司和 APQC（美国生产力和质量中心）（1996）共同提出的知识管理综合模型等[20]。为了对企业组织的知识管理能力进行综合测量，有学者随之提出了知识管理成熟度模型[21]。

SECI 模型认为，知识应分为显性知识和隐性知识两种，显性知识与隐性知识的相互转化实际上就是知识创新过程。两种知识相互转化可分为四种模式：社会化（Socialization）、外部化（Externalization）、组合化（Combination）、内部化（Internalization），即 SECI。这四个转化模式都是在相应的"场/巴"中进行，分别为创始场（Originating Ba）、对话场（Interacting Ba）、系统化场（Cyber Ba）和练习场（Exercising Ba）。知识管理一般活动模型以知识加工与转化应用活动为基础，将资源和市场两种不同的战略视角结合在一起：知识作为资源时代表供给，作为产品时代表需求。知识管理综合模型描述了知识管理的对象、功能与环境，将知识管理分为知识层、过程层、基础层三个层次，其中过程层分为知识的创造、识别、搜索、组织、共享、升华、应用等循环过程。知识管理成熟度模型从人、过程、技术三个维度考察组织的知识管理成熟度,并由此将成熟度分为5个阶段,分别为:知识无序阶段、知识反映阶段、知识意识阶段、知识确认阶段和知识共享阶段。

2. 知识管理理论的代际演变

根据 Charles A. Tryon(2012)的观点,知识管理理论的发展经历了四个代际的演变[22]。

(1)知识管理1.0。第一代知识管理是基于信息技术的管理,起源于20世纪90年代末,致力于将新兴的信息技术应用到公司治理,从而提高公司治理中的跟踪、监督与纠错能力。依靠信息技术,记录和存储公司治理中的活动细节,为治理过程中所涉及的金融与法律服务提供依据。对于供应商而言,兴盛于20世纪七八十年代的结构化数据库为其更好地实现仓储管理提供了一种有效的工具。这一时期,常用的信息技术包括信息分类学技术、信息抓取技术、元数据技术、搜索引擎等。这些技术被大量应用于开发信息管理的技术工具包,如曾盛行一时的文档与记录管理工具(Document and Records Management,DRM)。这一技术就是后来知识管理理念提出的雏形。

第一代知识管理强调对人员的静态管理。企业中的员工只需要从DRM中调出规章制度,然后按照规程完成岗位任务,实现岗位绩效即可。在这一时期,管理学人强调制度化管理,希望把所有的组织活动都显性表达出来,变为能执行的显性知识,用来指导员工顺利完成规定的工作任务。因此,这种管理理念又被称为企业内容管理(Enterprise Content Management,ECM)。

DRM与ECM相结合虽然取得了一定的效果,但也受到了不小的挑战和质疑。企业组织,是由很多人一起组织的有机整体。企业组织经营与管理具有复杂性,需要组织内、组织间的沟通与协作。而ECM中的静态管理思想只能保证各独立岗位完成自身的工作,这种沟通与协作很难通过显性化的规章制度来引导与约束。员工几乎不存在任何的工作积极性与主动性,不具有创造性完成工作任务的能力;僵硬的组织制度不能为企业组织带来任何的新生命力，为组织长远发展带来的不是价值而是深藏起来，但又无处不在的弊病。因此，有学者总结道："第一代知识管理适合于工业经济时代，但并不适合于知识经济时代"（This approach may have worked during the acquisition efforts of the industrial age, but it is not serving the needs of the knowledge age）[22]。

（2）知识管理2.0。在第一代知识管理技术遭遇困境时，IT大咖们开始考虑企业组织治理的真实需求（而不是仅专注于信息技术本身的开发）；IT企业对接客户，希望它们开发的IT平台、工具能够为企业组织（它们的客户）提供从内到外的满意服务。因此，第二代知识管理，也被称为基于知识型服务的管理。

在知识管理2.0时期，信息技术与管理平台主要应用于解决问题；以问题为中心，为员工和部门提供相关的知识咨询与推介服务。例如，面向客户的知识管理平台，致力于发掘与总结大多数客户出现的共性问题；如果对于某一共性问题，其中一个部门或者员工已经形成了成功的解决方案，那么该方案将被发掘出来并向其他有需要的员工或部门推荐，从而被快速的推广应用。在公司经营与治理的过程中，关于问题、条件与方案的细节都将被总结、抽取、记录下来，产生脚本文档，以实现知识存储与共享。这就是知识管理2.0的价值。

然而，第二代知识管理还存在问题：它过分专注于细节性的问题处理与解决，而对中观、宏观层面的公司治理战略几乎没有贡献。因此，知识管理的真正价值还是没有充分被发挥出来。此外，知识管理2.0的基本原理还是建立在统计技术和信息抽取技术的基础上，这些技术工具能够为大规模化的产业工程提供技术知识服务，然而，它能够发掘和利用的知识非常有限，远不能满足个性化知识经济时代的企业需求。

（3）知识管理3.0。第三代知识管理是面向组织进行知识深度开发的管理。相对于知识管理2.0，知识管理3.0无论在知识资源发掘的广度、深度和频率上都要更进一步；而且，它更强调知识资源的智能化发掘与管理。它不同于知识管理2.0的面向问题进行知识管理，而是将组织治理中的全过程知识进行分类、动态管理。知识管理工具被嵌入企业组织的日常经营中，为组织中的所有部门、团队、员工提供知识型服务。特别地，知识管理在新产品开发中的重要作用被认识到，知识管理技术被大量开发与应用于技术创新与产品开发的管理环节。

"对知识进行深度发掘"意味着知识管理的流程更加丰富。知识管理3.0不同于知识管理1.0强调信息技术的应用，而是开始关注知识管理作为"软科学"的一面，强调知识型组织、知识资源和过程的管理。大量的知识管理流程模型被建立起来，一些比较重要的知识管理流程被学者们提出，如知识发现（Knowledge Discover）、知识获取（Knowledge Capture）、知识组织（Knowledge Capture）、知识利用（Knowledge Use）、知识转移（Knowledge Transfer）、知识共享（Knowledge Sharing）、知识创新（Knowledge Innovation）等。在这个阶段，知识资源已经被企业组织作为最重要的资本或资产，知识管理上升到战略管理的层次。

在知识管理3.0的发展阶段，大量的社会管理、组织管理理论和方法被引入到知识管理理论研究中，如社会网络分析方法、复杂网络理论、系统科学等。知识管理理论与模型更加丰富化，知识管理技术进入社会技术与信息技术相整合（Integration with socio technique and information technology）的新阶段。

（4）知识管理4.0。然而，经历了第三代知识管理的企业经理们发现，组织知识管理的最大价值源泉是员工的个人隐性知识，而开发、管理和利用员工的个人隐性知识也是组织知识管理的最大挑战。相对于组织、岗位、制度所"拥有"的知识库资源，员工存储在其头脑中的知识更具有创新性和价值性；但是，员工的个人知识在很多时候都无法显性化，在知识共享与转移方面会存在很多障碍（包括员工个人的意愿问题，也包括组织提供的制度与平台问题）。因此，第四代知识管理"返璞归真"，从知识管理3.0的战略管理高度，又深度、具体化到员工的个人知识管理阶段，以"不求拥有，但求所用"的姿态，努力实现员工个人隐性知识的创造性价值。

在这一阶段，知识管理工具的开发人员所面对的客户从企业组织、项目团队，变为了社会组织中的个人。信息技术、网络技术被应用于开发个人知识管理工具。例如，社会媒体软件被广泛使用，可以通过 SNS、Facebook、Twitter、微博、微信、QQ 来形成自己的朋友圈、粉丝网络，与朋友进行互动交流，发布自己的动态与感想，管理和"晾晒"自己的个人知识；同时，大量的手机 APP 被开发出来，可以下载和利用它们获得信息资讯和知识服务，能够以此丰富自己的个人知识库。

面对由成千上万个人知识库构成的异质性、非结构化群体知识库，更先进的大数据技术被开发出来，从而能够从大数据中提炼群体性知识，为企业组织进行智能化新产品开发、经营管理、市场开拓与营销提供信息服务。知识管理 4.0 技术最成功的应用案例是小米公司。它成功地开发出了一种"把产品设计交给客户"的新模式，充分地利用客户的个人知识，为企业的新产品设计与优化提供服务，创造出巨额的价值财富，一举成就了其"全球商业史上成长最快的公司"的赫赫威名。

二、基本概念

在科学技术飞速进步的浪潮冲击下，知识资源正发展成为促进经济可持续增长的核心要素[23]，人类开始走进知识经济的新时代。同时，科技还拉动了人类的空间距离，全球化竞争加剧，中国成为全球产业链和价值链中的一环，全球价值链为中国的产业升级带来了机会与挑战[24]。知识经济背景下面向全球价值链的产业发展，有学者提出知识价值链的新理念，将知识链与价值链加以延伸整合以此谋求产业转型的新空间[25]。但这还不够，在中国特殊背景下，需要从中国的社会文化特点切入，以社会关系网络的本质来提升企业和产业的管理效率[26]。物联网继互联网之后又成为推动信息产业高速发展的重要力量，物联网在新兴产业的诸多应用为我国产业升级和新产业开发带来了曙光[27]。

（一）价值网络

Brandenburger 和 Nalebuff（1996）提出的价值网管理模型有效地解释了商业生态系统中不同经济主体之间的复杂关系，认为核心企业、顾客、供应商、竞争者和互补者等不同角色定位的企业之间相互展开竞争与合作关系由此形成产业链条[28]。只有不同的经济主体都能从产业链中获得稳定持续的价值增值来源，产业价值网才能健全有效，保障产业的可持续发展。在当前全球经济的影响下，产业价值链有在纵向（上下游产业链）和横向（产业集群和联盟）上不断延伸与整合的趋势，在范围上则向更广泛的国外市场发展。价值网的不断整合和动态优化为传统产业带来了新的发展机会，也为一些难以适应新竞争环境和缺乏创新力的企业带来了挑战。一些传统产业可能会被淘汰或被新兴产业所取代，而新兴产业也正不断衍生出来。但无论是传统产业的转型升级还是新兴产业的催生，其实质都是价值网整合和延伸的结果，是企业在价值增值目标的驱动下发现价值蓝海的结果。

（二）知识网络

一个完整的产业链实质上是不同功能定位的企业间知识优势相互匹配与协同而实现共同价值创造的结果。产业链上的不同企业间通过知识共享、互补而催生劳动的分工协作，从而在产业链上依靠完成不同的产品生产制造环节而实现价值增值。一个国家、区域的不同产业链相互交叉而形成产业群，这些产业群是依托知识网而实现内在机制和功能的。另外，核心技术与知识对产品核心竞争力的形成起着越来越重要的作用，技术创新尤其是自主创新成为产业保持持续竞争优势的重要手段。依赖于"干中学"的技术创新[29]、依赖于知识发现的新兴产业发展[30]和依赖于技术链的产业升级[31]等都离不开技术知识，也就离不开知识网的知识支撑。随着知识经济的深入，未来的市场经济将由高新技术产业、战略性新兴产业、知识型服务业等知识密集行业来主导，传统产业只有与先进技术知识结合而转型升级之后才能继续生存，新兴产业依赖于领先的技术知识而获得市场竞争优势，知识网成为产业格局演变的主导力量。

（三）社会网络

中国的历史与文化和西方国家有着明显的不同，和谐中庸的儒家思想在经济、政治和社会等方面都产生了深远的影响。中国人社会行为与网络结构特质是差序格局和情境中心的，因此圈子、熟人关系、自组织治理机制是理解中国本土管理之道的关键所在[32]。中国的市场经济和产业发展等都遵循着一套社会关系网主导下的潜在机制，社会网不仅维持着劳动关系的有序和演化，也影响着劳动力、生产要素等再生产资本的流通转移[33]，因此，实质上社会网在产业整合、融合和新兴产业的形成等方面起到了基础与前提性的作用。而且，社会网的精神内涵深入人心，也主导着中国本土企业的特殊管理经验和技术，而它与价值网的互动则主导着产业联盟和产业聚集等产业链的空间整合活动[34]，因此，在产业升级和新兴产业培育方面占据着重要地位。

（四）物联网络

物联网是利用射频自动识别技术，通过计算机互联网实现物品的自动识别以及信息的互联与共享[35]。目前，物联网不仅本身成为中国的战略性新兴产业之一，而其广泛和深入的应用将催生出更多相关制造产业和服务产业的形成与发展。物联网通过将物质资源的信息共享，将极大地提高物质生产资料的流通与共享，从而也对传统产业的生产系统和物流系统带来效率提高的福音。传统产业在物联网的辅助下，不仅能强化适应当前快节奏经济的能力，而且能通过效率提升来优化组织并更好地满足顾客需求。物联网将以革命性的力量对当前的劳动生产力进行变革，传统产业中的生产工具、生产要素、生产方式、生产关系乃至管理模式和营销手段等可能都会随着这场革命而发生改变,只有应用最新物联网技术的产业才能在竞争中取胜,物联网催生的新经济形式和新兴产业将取代被淘汰的部分传统产业。

(五) 产业集群

西方产业集群理论出现于20世纪20年代,但直到80年代之后才迎来研究热潮,形成了产业集群理论的各种流派学说[36]。从90年代开始,产业集群已发展成为世界经济中颇具特色的经济组织形式[37]。2000年后,产业集群的理论与实践更是得到极大的重视与长足发展。基于不同的理论框架,产业集群研究形成了丰富的理论学派,主要包括经济视域的新产业区学派、科技视域的区域创新系统学派、区域位势视域的新经济地理学派、管理视域的战略管理与竞争优势学派、社会学视域的社会网络学派和生态学视域的种群理论学派等[38][39][40][41][42]。这些成果极大地拓展了产业集群理论的认知视角。然而,在网络、知识与新兴经济高度发展的今天,更多的学者开始从知识网络的视角来探讨产业集群的成因、结构与运行演化规律[43][44]。基于知识网络视角的产业集群研究,既是一个更为深入和新颖的研究方向,也是已有产业集群理论的高度整合,还是深度透视产业集群社会、经济、技术、组织、管理、地理等各个层面认知的系统观。

三、四网融合理念的提出

(一) 四网的关系

价值网、知识网、社会网和物联网既是相互独立的网络系统,又有着相互支撑、相互促进、相互交叉的关系。在功能上,四网各自主导着社会经济中的一块领域：价值网主导经济系统的运行；知识网主导人才、技术和创新系统的运行；社会网主导着劳动关系和社会文化系统；物联网主导着物质资源的运行流转。从劳动资料来看，物联网提供物质资源，知识网提供人力资源和技术资源，价值网提供资金资源，而社会网则在各种资源的流通流转和价值增值过程中起承载作用，它们共同支撑经济活动的持续开展。从资本运营上，物联网连接物质资本，社会网连接关系资本，知识网连接知识资本，价值网连接货币资本。就意识形态而言，价值网和物联网构成了物质基础体系，而知识网和社会网则构成了上层建筑体系，物质基础与上层建筑相辅相成，方能保证产业经济的正常运行。从目标实现上看，价值网是最终价值增值目标实现的载体，知识网和物联网都是促进价值网功能实现的中介网络，而社会网则是其他三种网络功能实现和强化的基础。四种网络在各自领域都发挥着自身的作用，但当它们遵循着其相互关系的内在规律而发生融合时，将能促进经济、社会、技术和文化生活的全面发展，而这其中就包括对产业经济的极大推动作用。

（二）四网融合机理

四网融合不应该是刻意推动或政策协调的结果，而应该是各个网络系统依据功能互补需要而自发结合的过程。四网融合是在各个网络系统两两结合基础上而相互勾连而编织起来的复杂网络系统，大到一个国家、小到一个区域，可能就是由不同层次的四网融合后的新型网络支撑起来的。四网融合的过程难以描述和刻画，它们也不会遵循特别的程序和规律，不同国家和区域的四网融合过程可能也会各有特色。因此，本书只是简单地描述通过网络融合之后实现的新网络功能，以此展现出四网融合后各种功能和作用发挥的路径和美好蓝图，追本溯源、管中窥豹地间接揭示四网融合的规律。

1. 价值网与知识网的融合

价值网与知识网通过知识与价值的交互转化机制而融合，融合后形成知识价值网络，它既能通过知识协同促进价值增值，也能通过价值增值反哺知识创新，从而在知识空间和价值空间上创造出反馈循环机制，实现知识与价值的双重可持续发展。

2. 价值网与社会网的融合

价值网与社会网通过社会关系与价值关系的耦合关系而融合，社会关系连接起经济系统中的各种经济主体，促进它们的合作关系，而合作关系又将带来价值增值，促进价值网的功能实现；同时，价值网上的价值合作也会反过来促进社会关系的强化，从而不断调整、修正和优化社会关系网络。以社会网来协助价值网，这在中国特色文化背景下尤其有效。

3. 价值网与物联网的融合

价值网与物联网的关键融合域是高新技术。首先，物联网作为信息技术领域的新兴技术，对高新技术产业乃至传统产业都产生了深远影响，物联网逐步改变这些产业的运行方式，也就会改变这些产业的价值增值实现模式；其次，物联网产业本身成为一个战略性新兴产业，该产业作为价值网中的新成员，为中国打造新经济增长极提供了一个方向。同时，价值网的价值取向能力也会刺激物联网等新兴高技术的发展，物联网在全球经济竞争压力下必然因其优势而大获青睐，受到全面投资而高速发展。

4. 知识网与社会网的融合

知识网与社会网是一种相互促进的关系：社会网中的社会关系是知识共享和协同知识创新行为发生的基础，只有存在强关系或弱关系的成员间才能较好地进行知识的沟通、交流、共享和协作；知识网中的知识协同行为将增大社会网的社会关系资本的功效，从而有利于社会网的关系维护和扩展，有利于社会网的动态优化。知识网与社会网将通过产业中人才资源和信息平台的作用而连接融合。

5. 知识网与物联网的融合

在只有知识网的情况下，只有知识这种无形资源才能快速、无成本的流转，才能在不同产业链节点间进行共享；而在物联网技术的支持下，原来不能联网的物质资源也能以信息、知识的形式体现，再借助知识网的相关搜索和匹配技术，就能实现物质资源的低成本流通和共享，这为促进虚拟经济的发展提供了空间。知识网与物联网的融合能将高新技术产业和战略性新兴产业等知识密集型产业发展推向高潮。

6. 社会网与物联网的融合

社会网与物联网是一种相互辅助的关系，社会网辅助物联网实现物质资源的信息对接与转移，物联网辅助社会网实现生产协作关系的连接与强化。在强有力的社会关系网络支持下，物联网技术能有效促进物质资源的共享，从而提高物质资源和生产设备等生产性物资的利用效率，为产业发展带来新的价值增值空间。

7. 四网融合

在价值网、知识网、社会网和物联网的两两融合基础上，依靠产业链的交叉牵引作用，就能实现四网融合并将融合后的四网嵌入到产业链网中，为产业链的价值增值目标实现提供驱动力。为此，可将四网融合机理描述如图1.10所示。

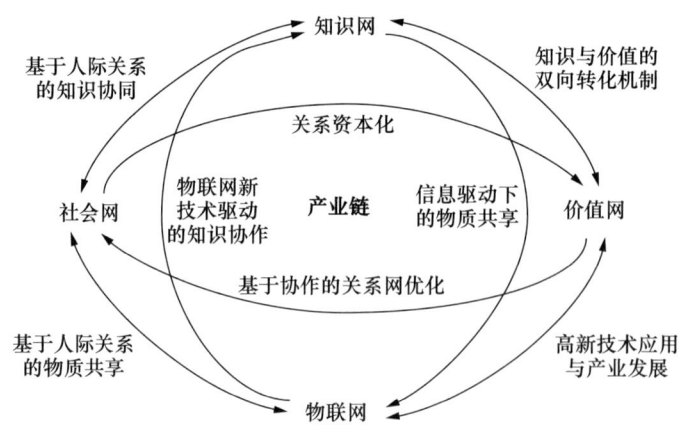

图1.10 四网融合机理

第一章　绪论

四、四网融合与产业集群创新的关系

（一）知识网络视角下的产业集群运行与发展

1. 产业集群中的知识网络形成、运行与发展机制

目前，国内外文献研究主要集中在产业集群中知识网络的形成规律、运行机制和发展与演化三个逻辑活动层面。

（1）知识网络的形成规律。知识网络包括节点（主体）、节点关系、节点活动三个基本要素。产业集群由企业、供应商、服务提供商、政府机构、服务中介以及大学、研究院所等众多机构组成，这些机构通过生产制造、市场交易、技术研发、金融服务、人才开发等方面共同为区域产业经济发展提供支持。从知识网络的视角，这些机构就形成了产业集群知识网络的节点。不同类型的节点为产业集群知识网络提供不同类型的知识资源。所谓的产业集群知识网络，其实就是网络节点在相应的知识及其关系的基础上进行知识生产、创造和服务，并由此实现知识与价值相互转化的知识价值网[45]。

产业集群是一种复杂的复合网络，其节点间关系主要包括三种类型：以产业价值链为主导的竞合关系、以知识供应链为主导的共享关系、以社会或地理邻近为基础的亲缘关系[46][47]。在三种类型关系下，知识均能流动。但是，以知识供应链为主导的共享关系能最大限度地发挥知识网络的知识溢出效应，从而增强网络节点的知识创新能力和价值增值能力[48]。多条知识供应链又可以进一步交叉、整合和协同，形成更加复杂的知识协作关系；复杂的知识网络结构关系是知识网络异质性竞争优势的源泉。产业集群知识网络的节点间关系结构可用关系强度、中心度、密度、中介度、

结构洞等指标来测量[49]，众多研究表明：知识网络关系结构是产业集群绩效与竞争优势的重要影响因素[50][51][52]。

产业集群知识网络的节点活动包括单个节点的活动和节点之间的交互活动[53]。单节点活动包括知识存储、知识创造、知识应用等；节点间交互活动的总体反映是知识流动，包括知识学习、知识共享、知识整合、知识协同创新、知识扩散等[54]。正是依靠节点间的知识交互活动，使具有不同类型的节点能够知识互补，进而通过知识协作共同实现基于知识的价值增值[55]。在知识交互活动中，知识共享是知识网络最关键的活动环节，而知识溢出是产业集群知识网络的目标效应[56]。产业集群的发展经历是知识网络构建、知识共享与创新、产品创新与价值实现的过程，知识活动是知识网络与产业集群价值网络的中枢纽带。

（2）知识网络的运行机制。知识网络运行机制主要考虑动力机制、协调机制和保障机制三个因素。知识网络运行的动力在于能够通过促进知识共享与转移，将网络节点进行知识交易与创新的成本；这就进一步使得在知识网络环境下，网络节点能够通过讨价还价，相互交易具有价值增值潜力的知识，为双方节点都带来新的价值增值空间。此外，产业集群知识网络在为网络节点提供知识来源与创新机遇的同时，也在另两个方面起到动力作用：其一，知识网络能增强存在关系的网络节点间的合作精神，从而通过强化产业分工和市场细分来提高专业化协作水平；其二，知识网络强化了网络节点的竞争压力，只有持续知识创新的网络节点才能在知识网络中保持有利位置。

产业集群知识网络需要对不同类型知识主体（网络节点）进行关系协调，重点包括大学、科研院所、企业等。这些主体在有效协调情况下，能形成产学研协同推力；如果再加上政府的统筹规划与居中协调作用，更能形成极具竞争力的三重螺旋发展模式[57]。产业集群知识网络的协调，除了要通过强化政府功能和中介服务功能来实现"他组织"以外，更要建立起集群内以节点间互动为核心的"自组织"机制。网络节点的互动包括垂直互动和水平互动两种方式：垂直互动是指通过产业链上下游企业间的价值链契约关系来辅助和推动渠道知识、市场知识、技术知识、协同管理知识等方面知识的共享与创新；水平互动是指依靠动态竞争与合作的博弈关系来促进有共同利益关系的主体间知识共享与转移[58]。网络节点间自组织的知识互动需要依靠文化、制度、技术平台等各方面来支持与规制。

产业集群知识网络的能力主要体现为知识学习能力、知识转移能力、知识创新能力等方面。知识学习能力的保障机制在于建设集群内网络节点间正式与非正式的知识学习渠道，正式的学习渠道指借助经济关系建立的学习渠道，非正式学习渠道指借助社会关系建立的学习渠道。产业集群中知识网络的技术学习路径包括外部网络学习和内部网络整合两个层次的路径，外部网络平台的建设和内部网络体系的健全是其学习能力的保障[59]。关于知识转移能力，要将重点放在黏滞知识的转移上，从宏观和微观两个层面来提供保障[60]。关于知识创新能力的影响和保障机制，双重嵌入—知识整合—创新能力提升研究框架表明：网络嵌入和知识整合对网络知识创新能力提升具有显著的积极影响[61]。此外，知识创新能力和绩效的提升受到知识网络自身结构的影响，对网络开放性、网络中心度、关系质量、关系稳定性等网络结构参数的优化是关键[62]。

（3）知识网络的发展与演化。研究产业集群知识网络的演化重点需考虑两个方面：其一，影响网络演化的因素；其二，演化的时空过程、问题和风险等。

影响知识网络发展与演化的因素是多方面的，包括网络环境、网络主体、网络结构和网络行为能力等。首先，动态外部环境会对知识网络演化产生影响，如集群规模、集群异质性、环境宽容性、环境不确定性等，而且不同维度的外部环境对网络演化的影响路径也不相同[63]。其次，网络节点主体的交互偏好也会影响网络演化，任务导向型和知识导向型的产业集群参与者，遵循不同的网络演化路径。再次，知识网络的初始结构不同，网络的演化过程也会不一样：开放性高、要素完备、中心度强、作用范围大的知识网络，倾向于更高的演化与发展水平[64]。最后，网络共享性资源、企业适应性行为、企业网络化能力和集群政策性情景等也通过实证检验被认为是产业集群知识网络演化的关键影响因素[65]。

在空间维度上,产业集群知识网络的演化是一个复杂系统的动力行为过程,满足复杂系统的开放性、远离平衡态、非线性、涨落等特征,适合采用动力学模型进行诠释和仿真[66][67][68]。在时间维度上,产业集群知识网络的演化是一个生命周期过程[69]。但是,产业集群知识网络在发展过程中存在诸多问题,有必要构建知识网络演化风险的预警识别系统,做好演化风险的规避策略与措施[70]。

2. 基于知识网络的产业集群成长机理

通过对当前文献的析取可以发现从知识网络视角进行产业集群成长的研究,主要包括两个维度的研究成果:在结构维度上,成长包括两个方面,即企业组织的成长和产业集群整体的成长;在过程维度上,成长包括三个有序阶段,即能力建构、演化升级和优势形成。

(1) 产业集群能力建构。从知识网络视角的产业集群能力主要集中在技术学习能力、知识扩散能力和技术创新能力三个方面的研究。

产业集群中基于知识网络的技术知识学习包括两个层次的机制:一是知识应用开发网络内的学习;二是发生在知识生产服务网络与知识应用开发网络之间的知识流动与学习。前者是静态地知识学习,后者是动态地知识学习;前者是网络内部、积累性地知识学习,后者是跨组织、跨网络地应用性学习。由此,形成了产业集群的:内部知识学习、外部知识学习两种模式[71]。产业集群整体技术能力的提高源于技术、学习与网络三方面的整合[72]。产业集群学习包含内部学习和外部学习两个流程,外部学习提升个体组织的能力,内部学习提升集群整体能力,二者共同促进产业集群技术能力的增长[73]。

基于知识网络的产业集群知识扩散机制,包括知识流动机制、网络联结机制和扩散实现机制三个方面,其中知识扩散的实现机制是指在集群内知识资源共享的基础上进行文化协同、有效沟通、相互信任和终身学习[74]。而产业集群中知识网络的作用体现为:已有知识的分布式扩散和新知识的发现升级。网络节点规模和连接结构会对知识扩散能力提升产生重大影响，节点规模越大、网络密度越高，知识扩散速度越快[75]。由此，要提升产业集群的知识扩散能力，需要在健全知识网络结构和搭建知识扩散机制两个方面付诸努力。

在知识网络支持下，产业集群创新主体——企业的知识创新过程包括如下环节：创新目标构建、创新模式决策、知识获取、知识吸收、知识整合应用和创新成果产出；其中，知识获取、知识吸收和知识整合应用是一个循环过程[76]。知识获取能力、知识吸收能力和整合应用能力是知识创新能力的驱动因素，而这些因素又会受到知识网络结构特征和关系特征的影响[77][78][79]。产业集群的知识创新伴随着知识共享与转移的过程[80]。通过知识主体间的知识转移，实现个体知识与群体知识的交互，完成逻辑上的SECI过程，循环往复，并将其嵌入产业链流程，即为产业集群的知识创新过程[80]。实证检验发现，知识网络的双重嵌入有利于提升产业集群的创新能力[81]。

（2）产业集群演化升级。企业等组织是分工协调一体化的知识集合体，产业集群的本质是知识网络，利用知识报酬规模递增的原理进行有效组织。知识资源上的分工协作，促进了产业集群的形成与分离演化；依赖于知识网络中技术知识能力的提升，产业集群实现由价值链主导向知识链主导的转型升级[82]。集群企业知识创新能力的提升是产业集群升级的核心动力所在，而提升知识创新能力又取决于知识属性、网络规模、网络关系、网络交流活动等因素，由此，可构建产业集群的升级动力理论模型[83]。网络节点知识吸收与技术创新力是产业集群转型升级的推动力，产业集群转型升级机制需要建立一个知识更新、学习行为和连接关系的多层次嵌套系统，在系统内进行知识学习与创新，进而推动产业集群的升级[84]。产业集群成长升级与知识网络演进之间是动态交互关系[85]，促进知识网络的发展与演化是推进产业集群转型升级的有效策略。

（3）产业集群竞争优势形成。竞争优势的获得是主体进入产业集群和参与产业协作活动的目标之一。案例研究表明，集群企业获取竞争优势的关键是通过知识网络不断获取知识资源并提高自身的组织学习能力，组织学习能力通过作用于技术创新能力的提升而为集群企业获得持续竞争优势提供保证。相关调查研究也证实,知识网络对产业集群的创新优势有显著的影响,产业集群本地网络是知识创新活动的平台,是集群创新优势形成的基础。知识网络对产业集群竞争优势的作用路径是:知识网络—知识行为能力—竞争优势[86]。然而,过度的知识网络规模和过于持久的知识合作关系并不意味着竞争优势的增强,集群企业要善于平衡和动态管理本地知识网络[87]。因为知识网络的过度嵌入会导致知识锁定,不利于竞争优势形成[88];同时,网络规模的过分扩张会造成管理难度加大和成本上升,造成规模的不经济[87]。

3. 知识网络与产业集群的互动关系

综上,可得出结论,知识网络与产业集群之间是一种双向互动关系。一方面,产业集群为跨组织知识网络提供了存在的基础和作用的方向。在产业集群的构成主体之间,存在着至少四种以上的连接关系,即基于上下游产业链的供应关系、基于价值链的交易关系、基于地理邻近和社会亲缘的社会关系、基于竞争与合作的动态联盟关系等。这些关系的存在使产业集群本来就是一张联系紧密与分工协作的网络,在网络联结基础上,知识网络的嵌入与发展是水到渠成的[89]。

另一方面,知识网络促进了产业集群的成长与发展,是产业集群竞争优势形成的有力支撑。在知识经济环境下,产业集群的竞争能力主要由知识活动能力转化而来,持续竞争优势则由基于知识网络的知识优势和创新优势提供动力支持[90]。知识网络的嵌入使产业集群中的知识型组织能够在知识合作的基础上衍生出供应关系、交易关系、科技合作关系、战略联盟关系等,强化产业集群的资源聚集效应和能力协同作用。此外,产业集群与知识网络存在着同步演进关系,知识网络中知识合作关系的演化变迁能够使产业集群的价值链、供应链等进行重组,从而推动产业集群的转型升级[90]。对于集群中个体组织的成长,知识网络的作用也同样非常重要:知识网络是个体组织获得网络环境中知识资源的载体平台,知识网络中的位置决定了其在产业集群中的竞争位势。

在具体的互动模式上,知识网络与产业集群存在着两个层面的互动:在核心网络层上,集群内以核心企业为主体进行基于产业价值链的垂直互动和基于科技创新合作的水平互动,表现为知识资源与能力的竞争与合作关系;在辅助网络层上,高校、科研机构、政府和中介机构等主体与企业之间进行多重、多向、多渠道的知识互动,以知识网络为载体驱动创新主体的集群协作。双向互动关系表明,要推进产业集群的发展与升级,需要以知识网络的建设与优化为杠杆,借助知识网络来提升创新能力和优化产业关系,进而谋求知识网络演进中的动态能力培育与持续竞争优势的形成。

(二)四网融合下的产业升级与新兴产业培育机理

四网融合,能在有限容量的地理空间内对区域经济生态系统的关系、技术、知识与价值等支撑性要素进行重组,提高各种要素融合的概率,强化经济生态群落密度,从而开拓出新的产业经济发展空间。如果把区域产业经济系统当成一个生态系统来解释的话,那四网融合就是对生态系统的生态位环境和竞合规律进行变革。

(1)四网融合下产业升级与新兴产业培育的本质——生态位的健壮和新生态位的发现。生态位是指一个种群在生态系统中,在时间和空间上所占的位置及其与相关种群之间的功能关系和作用。在产业经济生态系统中,生态位的实质是产业(或企业)对各种资源的占据和掌握程度,以及在掌握这些资源时与其他产业(或企业)之间产生的竞合关系。四网融合,一方面能够产生新的资源,导致产业经济生态系统发生资源量的改变,带来资源占据格局的演变,也就会对占据这些资源的产业竞合关系进行"洗牌";更重要的是,它另一方面会直接改变竞合关系,如通过知识网和社会网的融合可能带来更多的产业联盟等,由此改变一些产业对资源的占据力乃至实现资源垄断。因此,四网融合可能给一些产业带来机会,但也可能会把另一些产业引向困境。

在四种网络中,社会网和知识网主要起到生态位健壮的功能:通过社会网和知识网的支撑作用，现有的产业能够在更广泛的层面上开展知识协作和业务活动，从而获得更多的资源来维持产业在当前状态上的生态位势，增强产业在生态位上的竞争力。而知识网与物联网的共同作用则主要起到创造新生态位的作用：将物联网技术与知识网络联系起来，能实现不同产业间的物质资源共享，但这些共享是需要产业链来支撑的，为此会要求创生一些新兴产业，也就是物联网服务产业，同时对传统产业也会带来变革，由此衍生出一些新兴服务产业，实现新生态位的创造。四网融合下，无论是生态位健壮还是新生态位创生带来的产业变革，其实质上都是创生出一些纽带性产业来弥补传统产业和新兴产业的空隙欠缺，促进传统产业和新兴产业的对接与联动，实现区域产业群的均衡发展。

（2）四网融合下产业升级与新兴产业培育的机制——价值驱动、资源共享、网络协同。当然，如果没有价值趋势，那么没有任何产业会主动愿意接受四网融合或生态位变革，也就不会有产业升级和新兴产业培育了。四网融合下产业升级与新兴产业培育的机制包括动力机制、传导机制与协调机制，其中动力机制为产业升级和新兴产业培育提供源源不断的动力来源，传导机制则是将这种动力通过一些介质途径传导给所有的产业主体，协调机制负责策划、沟通与协调。三种机制相互耦合，就能为产业升级和新兴产业培育的可持续发展提供保障。

动力机制显然来自产业自身的生存与发展需求，而生存与发展的目标归根结底就是价值增值，因此，价值链的价值增值功能就起到了驱动产业升级与新兴产业培育的作用。传导机制主要由物联网来解决，因为社会网、知识网和价值网其实都已经存在于传统产业中，只是其融合作用并未完全发挥而已，但物联网的加入显然开发出了新的功能，即实现物质资源的共享，此时原有的产业关系显然要重新连接和调整，为此会形成一种新的物质资源流动网络，而伴随着物质资源流动的同时价值也在流转，此时价值驱动的动力也就实现了有效的传导。协调机制则由社会网和知识网共同实现，它们共同驱动"基于人际关系的知识协同"，而有了知识协同，就能最有效地分工协调、各司其职、各取所需、各获所得，并且在"完全知识"的假设下，所有的产业都会遵循并接受共同的规则，产业协作摩擦与障碍就会消除。

（3）四网融合下产业升级与新兴产业培育的过程——生态位重叠与分异下的漂移运动。四网融合下的产业升级与新兴产业培育并不能瞬间形成而是一个长期分化的过程。首先，通过四网融合，将之前不在同一生态环境中的产业连接起来，就使这些产业间有了生态位的交叉与重叠，也就使这些产业间出现了竞争与合作的机会。在资源上的竞争将使这些产业有的能获得更多的资源和成长空间，而有的产业则慢慢被淘汰；在业务上的合作可能会产生一些新的租金，实现更大程度的价值增值，促进产业的共同发展。但是，生态位重叠是不稳定的，因为多个产业共同享用资源和共同创造价值必然意味着内耗和低效率，竞争也必然意味着利润率将逐渐下降直至正常利润水平。由此，分工就将出现。

产业分工其实是生态位分异的外在表现。生态位分异是指生态位重叠的物种在地理、生理、食性等方面逐渐向不同方向变异直至生态位分离的现象。四网融合导致生态位重叠，但生态竞争又会带来生态位分异。而生态位分异的结果是产业逐渐分工细化，从而分化为多个新兴产业，此时的新兴产业可能还要相互依赖才能共同完成业务，但完整产业链的雏形已经出现，而且多个新兴产业已经出现了显著差异特征。形象点来描述就是，四网融合使得不同产业的生态位发生漂移，呈逐渐靠拢姿态甚至融为一体；但合久必分，自然竞争规律又将促使生态位分异，即具有差异的子产业的生态位将分离出显著差异，生态位发生漂移，呈逐渐分离姿态，直至形成各个不同的完整新兴产业。四网融合引导下的生态位漂移运动将促进区域产业系统中产业的优胜劣汰和新陈代谢，从而保持区域产业系统的活力，促进区域产业系统的可持续发展。

（三）四网融合下的产业升级与新兴产业培育模式

1. 四网融合下的产业升级模式

四网融合下的产业升级有两种模式：一是四网融合使一个产业和更多

产业组成联合模式，从而增强其自身获取资源和价值增值的能力，实现产业链的壮大；二是四网融合导致传统产业的生态位发生漂移，从而在新的生态位上立足，而新的生态位促使原有产业的很多特征都发生变化，衍生出和原有产业既有联系又有区别的新产业，即产业转型。

（1）壮大式升级模式。四网融合，在网络相互支撑下网络功能互补起到促进网络功能实现的作用，而某种网络的功能强化能引起产业的壮大式升级。例如，在社会网促进下的知识网络功能强化能有效促进产业内和产业间的信息交流与知识共享，从而促进产业发展所需的信息情报收集和技术创新活动，在提高产业发展效率的同时提升产业发展潜力；在知识网促进下的社会网络能够有效强化产业内和产业间的沟通，促进产业内外的多重合作，形成产业的关系资本，拓展产业发展的价值增值空间；以社会网和知识网支撑的物联网能够为产业发展带来物质资源共享的机会，从而提高物质资源的利用效率，提高资源制约下产业发展的能力与水平；社会网和知识网支撑下的价值网能实现更长路径和更高密度的价值链延伸与交互，从而增加价值增值环节，提高每一环节的价值增值能力，为产业发展带来价值增值的新模式。以上形式都没有改变产业本身特征，而是通过加强合作、提高效率来促进产业的价值增值能力提升，扩充产业的价值空间，由此达到壮大产业的目的。

Gereffi 和 Tam（1998）将产业升级界定为从低利润或劳动密集型实体向高利润或资本、技术密集型实体发展的过程[91]。这意味着产业升级可以从内核和外在特征两方面来界定，内核层面是产业运作方式的转变，外在特征是利润率的提高或者说是价值增值能力的提升。而四网融合则能从这两方面都发挥作用：首先，知识网的作用能将知识作为核心资本要素嵌入产业业务中，从而实现劳动力要素向知识、技术要素的转变；其次，价值网的作用将要求通过资本流转来实现价值增值，这就将劳动力密集型驱使向资本密集型转移；最后，社会网、知识网和物联网的作用将关系资本、知识资本、技术资本、物质资本等多种有形或无形资本合为一体，嵌入产业发展过程中，驱动产业的价值增值能力提升，由此表现出产业的壮大式升级发展。因此，四网融合能有效促进现有产业的发展壮大，能在不同网络的支撑下强化产业链功能，提高产业的环境适应能力，进而强健产业的生存与发展能力，促进产业升级发展。

（2）转型式升级模式。随着竞争环境的恶化或产业所处生态位资源的逐渐消耗，传统产业往往会受到生存与发展空间逐渐逼仄的挑战，要想获得可持续发展，必须开拓全新的发展空间。与此同时，新技术、新运作模式、新环境机遇会给一些产业带来新的发展机会，但这些机会的有效利用又会对传统业务模式形成挑战。是利用机遇主动实现产业转型还是放弃机遇而坚守传统发展模式，将关系到产业未来的命运。产业转型意味着传统产业必须主动放弃原有的资源环境和业务模式，而接受全新技术和市场信息的引导，逐渐向产业链的一端收缩与延伸，从而带来产业生态位的漂移，一旦这种漂移达到一定程度时，产业生态位自然分化，从而意味着一个转型升级后的全新产业的诞生。

当然，要想让产业主动放弃现有的资源位势很难，而区域要想引导产业转型，就必须在产业链的两端施加拉力，例如，利用物联网新技术让一些原材料供应商逐渐演化为以物流为主的原材料供应服务商，此时，生产已不是其主业，核心业务是物流服务。同样，知识网、社会网和价值网都能发出场力，通过场力的吸引或排斥作用，让传统产业逐渐发生分化，在生态位漂移的过程中逐渐形成新的产业发展模式，由此推动产业的转型升级。因此，四种网络在产业转型式升级模式中的主要作用就是提供场力拉动产业生态位的漂移与分化，让部分传统产业逐渐向其周边产业链方向偏离，并通过融合、重组、分离等作用来催化传统产业向新兴产业的转型，最终让传统产业"脱胎换骨"，塑造成全新的产业类型，并逐渐主导区域产业格局的演化。

2. 四网融合下的新兴产业培育模式

四网融合，最终会带来四种网络参数特征的变化：其一，网络节点多寡的变化，即通过网络融合导致一些新的节点的诞生；其二，网络密度的变化，即多个网络重叠使得不同网络的功能上重叠强化或优势互补；其三,网络服务功能的变化,以社会网、知识网和物联网为主体的网络融合将使网络具备更强大的服务功能或能力;其四,网络效率的变化,网络密度提高导致网络中知识流、物质流、信息流的流转速度加快,网络的服务效率自然也就提高。当网络节点增多时,就会有新的企业(产业)发现并占据这些节点,由此衍生出新的产业类型;当网络密度加大时,重合在一起的网络会实现功能互补,产生新功能,这些新功能如果能够实现价值增值,则必然成为产业价值链上的一环,衍生出新产业;当网络服务功能增大时,必然有产业会利用这些服务能力来创造价值,由此催生新的服务型产业;当网络效率提高时,一些反应快速的企业必然能够更专注于从效率提升中创造价值,由此形成新兴产业。对应于以上四种分析思路,由此可提炼出四种基于四网融合的新兴产业培育模式,分别为缝隙填补模式、网络互补模式、服务强化模式和效率领先模式。

(1)缝隙填补模式。四网融合产生新的网络,新的网络中形成新的网络节点,新网络节点的连接形成新的产业链条,这就是新兴产业产生的缝隙填补模式。在此模式下,创业者要善于发现四网融合下形成但尚未被占据的网络节点,如果能抢先占据,必然就意味着获得了获取该节点价值增值的能力。例如,知识网与物联网的对接将意味着未来很多产业的生产模式中可能会引入资源设备的租赁式共享,那么谁来组织这个共享呢?这将是一个全新的产业,谁能拥有一套完善的物质资源共享平台并获得不同产业的资源利用(或闲置)信息,以及设置出一套完善的资源供需匹配机制就可能占据这个新产业或新市场。

(2)网络互补模式。有时一种网络能够发挥的作用可能很小,但两种或两种以上网络联合作用时却能发挥出巨大的功能作用。例如,有一些互联网企业专营于专业社区服务,如科研社区网络小木虫等。该网络能够实现研究学者的关系对接和知识共享,能够为科研学者提供一个知识交流乃至结交朋友的平台。这种网络服务模式就是社会网和知识网相融合而加以应用的成果。又如,知识网和价值网相结合而催生出一些新的产业发展模式,如技术联盟、产业集群等,它们将引导新兴产业发展模式的诞生。

（3）服务强化模式。四网融合能够强化很多服务型产业的服务能力，尤其是社会网、知识网和物联网的联合应用，将关系服务、知识服务、物资服务融为一体，将打造出效率超群、服务完善的一体化服务平台。例如，当前很多企业所推行的关系营销、知识营销就是社会网和知识网应用的代表；而汽车租赁服务、银行的融资租赁服务、服务外包业务等则是物资服务模式。设想一个场景，如果能将社会网、知识网和物联网应用于交通运输业，那么就能实现所有行进或静止车辆的位置定位，以及发现它的目的地、途经地点、途经时间以及是否有空闲运载力等方面的信息，然后与客户（人或货物）的信息相对接，就能实现一种全新的交通运输形式：任何客户都能在较短时间内匹配到一辆符合其运载要求的车辆，以此实现高效运输。这在一定程度上是一种全部车辆都可租赁的状态，大大提高车辆的使用效率，也提高客户的运输效率，更可节约运载资源。当然，这种情况只是愿景，但只要有利可图，必然会在不久的将来变成现实。

（4）效率领先模式。四网融合将大大加快信息、知识、技术甚至物质资源的流转速度，而当前快速变化的竞争环境也要求产业（企业）加快反应速度（包括研发速度、生产速度、物流速度等），在这种速度经济影响下，必然就会催生出以提供速度优势为目标的产业。例如，当前的快递业迅速发展，抢占了传统邮政通信业的业务。而快递业的发展其实是社会网、知识网和价值网融合的结果：快递业通过终端实现客户关系网络的编织，通过与现代物流企业的合作实现物品的快速传递，通过产业协作来降低运输成本。快递业务与电子商务的结合又促使我国网络零售业快速发展，并俨然形成一个与传统零售业相抗衡的新兴产业模式。

五、命题、观点与主要研究内容

（一）科学命题

全要素网络理论，是对当前产业经济与技术进步等多方面背景经过系统思考之后才提出来的。在产业经济层面，其一，共享经济发展理念的提出，让我们思考除了要共享信息与知识等无形资源外，更要想办法共享物质与生产要素等有形资源；其二，无论是发展战略性新兴产业、供给侧改革还是创新驱动发展等国家战略，其最终目标都是指向产业结构调整与转型升级。在产业技术层面，物联网技术、互联网技术、供应链网技术交互融合，正颠覆着传统产业经济的发展模式；而大数据与"互联网＋"的提出则推进了产业技术创新与商业模式创新的完美对接。未来的产业经济发展，走向一个新方向。

这些产业经济与技术层面出现的新现象、新问题引发了我们的思考：在充分开发与利用新兴技术的条件下，如何应用共享经济的发展理念，促进传统产业转型升级与新兴产业培育，引领我国经济的可持续发展？

由此，我们进一步凝练出四个科学问题：

（1）"互联网＋"经济、共享经济，它们的本质驱动力从何而来？

（2）如何在信息与知识共享的基础上，实现物质资源与要素的共享？

（3）如何利用知识与物质等要素共享理念，改造产业链与价值网络？

（4）当多种要素整合在同一网络中进行共享时，机理与机制是什么？

由此，课题团队提出了全要素网络理论，认为战略性新兴产业群的内在本质是全要素网络，其形成与演化规律遵循着全要素网络形成与演化的规律，而全要素网络的维力、虚实二象性、场态效应等特征决定着战略性新兴产业群的生成与演化机理。

(二) 主要观点

本书的主要观点如下：

第一，全要素网络是由知识网、价值网、社会网和物联网融合而成的要素网络。

第二，全要素网络的核心精神是所有生产要素在网络中共享与重组，从而提高要素利用效率，同时实现生产与经营模式创新。

第三，全要素网络具有网络维力、虚实二象性、场态效应等特征，这些特征主导着全要素网络的形成与演化。

第四，全要素网络的形成与演化，在实践中主宰着传统产业的升级、新兴产业的培育、产业集群的演化等。

第五，在泛在知识环境、"互联网+"模式下，全要素网络理论更具实用性与可行性，并实际上推动着当前经济模式的变革。

第六，根据全要素网络理论，能够预见未来的产业经济模式将向大产业整合方向转型发展。

(三) 主要研究内容

本书的主要研究内容包括：

（1）提出战略性新兴产业集群的全要素网络概念，研究其结构和内在关系，构建理论框架模型，对全要素网络中的要素共享机制进行全面阐释。

（2）结合网络维力理论剖析全要素网络的互通力、群聚力和同步力，并探索三种网络维力对产业变革的深刻影响，总结提炼全要素网络维力作用下的新兴产业集群形成机理。

（3）提出全要素网络的概念、结构与框架，对全要素网络的虚实二象性进行剖析，从虚实相生和虚实替代两种作用关系出发分别研究产业集群的生成与演化机理。

（4）提出产业网络场的概念，分析产业网络的物理形态和虚拟形态，研究产业网络两种形态的演化机理与交互作用，剖析场态作用下的传统产业升级模式和新兴产业培育模式。

（5）分析"互联网+"环境中全要素网络运行机制，探讨全要素网络维力作用下的产业集群生成机理，明晰产业集群生成的三种模式，为政府进行传统产业集群转型升级与新兴产业集群培育提供政策指引。

（6）从构建农业生产中的全要素网络理论模型入手分析全要素网络与技农贸一体化之间的关系，提出三种技农贸一体化的模式，并引出"互联网+农业"发展模式，归纳"互联网+农业"的可持续发展路径。

（7）分析泛在知识环境下的全要素网络形成机理，进而在此基础上提出了大产业整合的战略构想，认为依靠泛在计算技术，促进全要素网络中的各种资源要素高效流转，促进产业链整合，形成更具能力与效率的大产业是未来产业经济的发展方向。

六、研究方法与创新之处

（一）研究方法

本书主要采用逻辑思辨和案例分析相结合的研究方法，利用逻辑思辨构建全要素网络的理论框架与思维体系，再利用案例分析来检验与论证全要素网络理论的科学性与有效性。

逻辑思辨与推理是本项目研究的主要论证技术。通过逻辑推理，搭建了全要素网络的理论框架，推导出了全要素网络的网络维力、虚实二象性、场态效应等特征，并对全要素网络下产业变革的未来方向做了清晰的预测，提出了相应的战略性新兴产业发展策略。

（二）创新之处

本书的主要创新点包括：

（1）系统提出了全要素网络的构念及理论。

（2）系统研究了基于全要素网络的战略性新兴产业集群要素共享机制。

（3）研究了全要素网络的网络维力特征，并考察了维力特征下战略性新兴产业群的形成机理。

（4）研究了全要素网络的虚实二象性特征，并从虚实相生和虚实替代两个方面提出了战略性新兴产业集群生产与演化的机理。

（5）研究了全要素网络的场态效应，并提出了场态效应下传统产业升级与新兴产业培育的模式。

（6）研究了"互联网+"环境下产业集群全要素网络的运行机理，并由此进一步对产业集群的生成机理与模式进行了剖析。

（7）构建了农业生产中的全要素网络理论模型，分析了全要素网络与技农贸一体化之间的关系，提出三种技农贸一体化的模式，进而整合互联网技术与可持续发展理念，归纳了"互联网+农业"可持续发展的四条路径。

（8）考察了泛在知识环境下全要素网络的形成机理，提出了全要素网络条件下的大产业整合战略。

七、技术水平与潜在应用价值

（一）技术水平

课题团队首次给出了全要素网络的概念，从网络维力、虚实二象性、场态效应等方面系统提出了全要素网络理论，并应用全要素网络理论对战略性新兴产业集群的形成与演化等机理进行了科学而创新的解释，在理论层面达到了非常先进的水平，是一种开创性的研究框架。

（二）潜在应用价值

本书关于如何紧抓经济要素网络融合以此促进战略性新兴产业群协同发展的内容，将为政府相关部门从网络融合与要素整合的新视角来促进战略性新兴产业集群式协同发展提供一个崭新思路；而其中关于战略性新兴产业群形成与演化的机理模型，则能够为促进中国战略性新兴产业群协同发展提供理论指导；同时，书中的启示与政策建议能为江西省优化与健全相应的科技、产业政策体系提供决策借鉴。

八、本章小结

本章首先明确了研究的现实背景与理论基础，然后给出了价值网络、知识网络、社会网络、物联网络和产业集群等基本概念与内涵，在此基础上分析了四种网络之间的关系，明晰了四网融合与产业集群创新发展之间的关系，提出了本书的主要研究命题、观点与研究内容。还介绍了研究的方法、创新之处以及技术水平与潜在应用价值等。

本章参考文献

［1］OECD. The knowledge – based economy［R］. Paris：Organisation for Economic Co – operation and Development，1996.

［2］Walter W Powell，Kaisa Snellman. The knowledge economy［J］. Annual Review of Sociology，2004(30)：199 – 220.

［3］Kochan T A, Barley S R. The changing nature of work and its implications for occupational analysis［M］. Washington, DC: National Research Council, 1999.

［4］Nonaka I, Takeuchi H. The knowledge creating company［M］. New York: Oxford University Press, 1995.

［5］黄觉雏,穆家海,黄悦. 二十一世纪经济学创言——论智能经济［J］. 广西社会科学,1990(3):18-25.

［6］黄悦. 二十一世纪的角逐:谁将进入智能经济时代——再论智能经济［J］. 改革与战略,1999(3):24-28.

［7］Hans Lofgren, Mats Benner. A global knowledge economy? Biopolitical strategies in India and the European Union［J］. Journal of Sociology, 2010, 47(2): 163-180.

［8］Michael A Peters, Simon Marginson, Peter Murphy. Creativity and the global knowledge economy［M］. New York: Peter Lang, 2009.

［9］黄顺基. 走向知识经济时代［M］. 北京:中国人民大学出版社, 1998.

［10］陈瑜. 世界已进入知识经济时代［EB/OL］. http://finance.sina.com.cn［2012-12-10］/［2015-10-26］.

［11］严义埙. 迎接世界知识经济时代的到来［N］. 光明日报,1998-04-07.

［12］Nonaka Ikujiro. The knowledge creating company［J］. Harvard Business Review, 1991, 69(6): 96-104.

［13］乌家培. 信息经济与知识经济［M］. 北京:经济科学出版社, 1999.

［14］王方华. 知识管理论［M］. 太原:山西经济出版社, 2000.

［15］孟丁磊,王宇. 国内知识管理理论的发展［J］. 现代情报, 2007(8):16-17, 21.

［16］Earl Michael. What on earth is a CKO［M］. London: Earl & Lan Seott, Survey IBM London Business School, 1998.

[17] Ikujiro Nonaka. The knowledge – creating company [M]. Cambridge: Harvard Business Review Press, 2008.

[18] Ikujiro Nonaka, Noboru Konno. The concept of "Ba": Building foundation for knowledge creation [J]. California Management Review, 1998, 40(3): 15 – 40.

[19] Mertins K, Heisig P, Vorbeck J. Knowledge management: Concepts and best practices (2nd) [M]. Berlin: Springer Press, 2003.

[20] Arthur Andersen, the American Productivity and Quality Center. The knowledge management assessment tool: External benchmarking version [M]. Houston: American Productivity and Quality Center, 1996.

[21] 汪建康, 肖久灵, 彭纪生. 企业知识管理成熟度模型比较: 过程、等级和特性 [J]. 科技进步与对策, 2012(15): 136 – 141.

[22] Charles A Tryon, Jr. Managing organizational knowledge [M]. New York: CRC Press of the Taylor & Francis Group, 2012.

[23] 刘莉, 张勇. 知识经济时代发展中国家的人才流失与产业升级 [J]. 华夏星火, 2004(12): 50 – 52.

[24] 龚一斌, 龚三乐. 自主创新与全球价值链嵌入产业升级 [J]. 经济与管理, 2006(8): 49 – 52.

[25] 韦丰. 传统集群企业知识价值链模型及其关键环节研究 [J]. 科技管理研究, 2013(2): 150 – 153, 170.

[26] 罗家德. 中国管理本质——一个社会网的观点 [J]. 南京理工大学学报 (社会科学版), 2011, 24(1): 31 – 40.

[27] 王孝军, 薛辉. 物联网技术在战略性新兴产业领域应用探讨 [J]. 科技创新与生产力, 2010(7): 53 – 55.

[28] Brandenburger A, Nalebuff B. Co – opetition [M]. New York: Doubleday, 1996.

[29] 赖俊平, 张涛, 罗长远. 动态干中学、产业升级与产业结构演

进——韩国经验及对中国的启示 [J]. 产业经济研究, 2011(3): 1-9.

[30] 贺正楚, 吴艳, 周震虹. 基于知识发现的战略性新兴产业识别研究: 兼论"长三角"战略性新兴产业的发展 [J]. 南京财经大学学报, 2012(4): 22-28.

[31] 王发明, 毛荐其. 技术链、产业技术链与产业升级研究——以我国半导体照明产业为例 [J]. 研究与发展管理, 2012, 22(3): 19-28.

[32] 李智超, 罗家德. 透过社会网观点看本土管理理论 [J]. 管理学报, 2011, 8(12): 1737-1747.

[33] 王彪. 社会资本再生产: 社会网中的关系变迁 [J]. 江汉论坛, 2012(9): 141-144.

[34] 赖红波, 王建玲. 基于社会网和价值网互动视角的本土企业高端突破研究——以集群网络内企业为例 [J]. 软科学, 2012, 26(5): 118-122.

[35] 杨永志, 高建华. 试论物联网及其在我国的科学发展 [J]. 中国流通经济, 2010(2): 46-49.

[36] 魏剑锋. 国外产业集群理论: 基于经典和多视角研究的一个综述 [J]. 研究与发展管理, 2010, 22(3): 9-18.

[37] Slaper T, Ortuzar G. Industry clusters and economic development [J]. Indiana Business Review, 2015, 90(1): 7-9.

[38] Connell J, Kriz A, Thorpe M. Industry clusters: An antidote for knowledge sharing and collaborative innovation? [J]. Journal of Knowledge Management, 2014, 18(1): 137-151.

[39] Yu W, Hong J, Zhu Y, et al. Creative industry clusters, regional innovation and economic growth in China [J]. Regional Science Policy & Practice, 2014, 6(4): 329-347.

[40] Thomas N J, Hawkins H, Harvey D C. The geographies of the creative industries: Scale, clusters and connectivity [J]. Geography, 2010, 95(1): 14-21.

[41] Macke J, Vallejos R V, Faccin K, et al. Social capital in collaborative networks competitiveness: The case of the brazilian wine industry cluster [J]. International Journal of Computer Integrated Manufacturing, 2013, 26 (1-2): 117-124.

[42] Zhang T, Ling J, Zhang S, et al. Ecology dynamics model on Chinese apparel industry cluster [J]. Journal of the Textile Institute, 2014, 105 (8): 867-877.

[43] Bell M, Giuliani E. Catching up in the global wine industry: Innovation systems, cluster knowledge networks and firm-level capabilities in Italy and Chile [J]. International Journal of Technology and Globalisation, 2007, 3(2/3): 197-223.

[44] 李文博, 郑文哲, 刘爽. 产业集群中知识网络结构的测量研究 [J]. 科学学研究, 2008, 26(4): 787-792.

[45] 韩言虎, 罗福周, 方永恒. 创新集群知识网络的构建及运行机制研究 [J]. 现代经济探讨, 2013(11): 51-55.

[46] 姜明君, 綦良群, 历岩. 装备制造业集群知识网络与影响因素研究 [J]. 科技和产业, 2013, 13(7): 1-7.

[47] Delgado M, Poter M E, Stern S. Defining clusters of related industries [J]. Journal of Economic Geography, 2015(3): 1-38.

[48] Todtling F, Trippl M. Knowledge links in high-technology industies: Markets, networks or milieu? the case of the Vienna biotechnology cluster [J]. International Journal of Entrepreneurship and Innovation Management, 2007, 7 (2-5): 345-365.

[49] 刘萍. 农业产业集群的知识网络及其创新绩效研究——以河南省鄢陵县花木产业集群为例 [D]. 开封: 河南大学论文, 2011.

[50] 孙兆刚. 产业集群创新优势与知识网络关系的实证研究 [J]. 技术经济与管理研究, 2015(3): 114-118.

[51] 王贤梅. 集群企业竞争优势与知识网络关系研究 [D]. 南京:

东南大学论文, 2010.

[52] 吉敏, 胡汉辉. 学习渠道、集群供应链知识网络与企业创新绩效关系研究——来自常州产业集群的实证 [J]. 科技进步与对策, 2014, 31(18): 73 - 79.

[53] 周荣, 涂国平, 喻登科. 高校科技成果转化团队知识网络的结构、行为及其演化分析 [J]. 中国科技论坛, 2013, 1(11): 79 - 84.

[54] 王涛, 顾新. 知识网络的结构及其知识活动分析 [J]. 图书情报工作, 2011, 55(16): 107 - 110.

[55] Horaguchi H H. Economics of reciprocal networks: Collaboration in knowledge and emergence of industrial clusters [J]. Computational Economics, 2008, 31(4): 307 - 339.

[56] Ostergaard C R. Knowledge flows through social networks in a cluster: Comparing university and industry links [J]. Structural Change and Economic Dynamics, 2009, 20(3): 196 - 210.

[57] 徐钰, 于丽英. 产业集群成长中的官产学三重螺旋关系演变分析 [J]. 科技管理研究, 2010, 30(11): 180 - 181.

[58] 周会敏, 王腾, 高璐. 产业集群与区际知识网络的互动模式及协调发展对策 [J]. 商业时代, 2015(4): 123 - 124.

[59] 赵晶, 周江华, 张帆. 基于集群知识网络的技术学习路径研究 [J]. 科技进步与对策, 2009, 26(3): 59 - 63.

[60] 曾德明, 覃荔荔, 王业静. 产业集群知识网络中粘滞知识的转移机理研究 [J]. 财经理论与实践, 2009, 30(3): 97 - 101.

[61] 魏江, 徐蕾. 知识网络双重嵌入、知识整合与集群企业创新能力 [J]. 管理科学学报, 2014, 17(2): 34 - 47.

[62] 王晓娟. 知识网络与集群企业创新绩效——浙江黄岩模具产业集群的实证研究 [J]. 科学学研究, 2008, 26(4): 874 - 879, 867.

[63] 陈金丹, 胡汉辉, 吉敏. 动态外部环境下的集群企业知识网络演化研究 [J]. 中国科技论坛, 2013(2): 95 - 102.

[64] Taplin L M. Network structure and knowledge transfer in cluster evolution [J]. International Journal of Organizational Analysis, 2011, 19(2): 127-145.

[65] 李文博,林云,张永胜. 集群情景下企业知识网络演化的关键影响因素——基于扎根理论的一项探索性研究 [J]. 研究与发展管理, 2011, 23(6): 17-24.

[66] 姜照华,隆连堂,张米尔. 产业集群条件下知识供应链与知识网络的动力学模型探讨 [J]. 科学学与科学技术管理, 2004, 25(7): 55-60.

[67] 李文博. 企业知识网络复杂系统的结构与演化:产业集群情境下的实证研究 [D]. 杭州:浙江工商大学论文, 2009.

[68] Nicotra M, Romano M, Del Giudice M. The evolution dynamic of a cluster knowledge network: The role of firms' absorptive capacity [J]. Journal of the Knowledge Economy, 2014, 5(2): 240-264.

[69] 李国策,王晞巍. 汽车产业集群知识网络生命周期的影响因素分析 [J]. 当代经济, 2011(2): 143-145.

[70] 阳志梅,刘湘香. 我国高技术集群知识网络发展的问题与对策探讨 [J]. 中国外资, 2013(12): 140-141.

[71] Skerlavaj M, Mrvar A, Pahor M, et al. Intra-organizational learning networks within knowledge-intensive learning environments [J]. Interactive Learning Environments, 2010, 18(1): 39-63.

[72] Maurseth P B. Covergence, geography and technology [J]. Structural change and economic dynamics, 2001, 12(3): 247-276.

[73] 张帆. 基于知识网络的产业集群技术能力增长研究 [D]. 杭州:浙江大学论文, 2005.

[74] 万幼清,王战平. 基于知识网络的产业集群知识扩散研究 [J]. 科技进步与对策, 2007, 24(2): 132-134.

[75] Zhuang E, Chen G, Feng G. A network model of knowledge accumu-

lation through diffusion and upgrade [J]. Physica A：Statistical Mechanics and Its Applications，2011，390(13)：2582－2592.

[76] 于瑞楠. 基于知识网络的产业集群技术创新模型及应用[D]. 南京：东南大学论文，2014.

[77] Carayannis E G，Formica P. Knowledge matters：Technology，innovation and entrepreneurship in innovation networks and knowledge clusters [M]. New York，Basingstoke：Palgrave Macmillan，2008.

[78] Zhang X，Wei S. Structure，evolution and hot spots of cooperation innovation knowledge network [J]. Open Journal of Applied Sciences，2015，5(4)：121－134.

[79] 杨照. 基于知识网络的产业集群创新研究——以南京地区软件服务业为例[D]. 南京：南京邮电大学论文，2012.

[80] 徐蕾. 知识网络双重嵌入对集群企业创新能力提升的机理研究[D]. 杭州：浙江大学论文，2012.

[81] 冯盈. 知识网络视角下的企业集群形成机制研究——以宁波为例[J]. 商场现代化，2014(23)：164－165.

[82] 王瑛. 基于知识网络特征的产业集群升级动力研究[J]. 情报杂志，2011，30(5)：192－196.

[83] 王娇俐，王文平，束慧. 多元主体知识网络支撑的内生型产业集群升级机制——基于浙江余姚灯具产业集群的实证研究[J]. 财经论丛，2014(6)：11－16.

[84] 阳志梅. 基于知识网络与企业知识能力的高技术集群企业成长研究[D]. 长沙：中南大学论文，2009.

[85] Chai K H，Yap C M，Wang X. Network closure's impact on firms competitive advantage：The mediating roles of knowledge processes [J]. Journal of Engineering and Technology Management，2011，28(1/2)：2－22.

[86] 蒋燕燕. 集群企业跨区域发展与竞争优势研究——基于知识网络视角[D]. 杭州：杭州电子科技大学论文，2011.

[87] Crespo J, Suire R, Vicente J. Lock – in or lock – out?: How structural properties of knowledge networks affect regional resilience [J]. Journal of Economic Geography, 2014, 14(1): 199 – 219.

[88] 魏江, 徐蕾. 集群企业知识网络双重嵌入演进路径研究——以正泰集团为例 [J]. 经济地理, 2011, 31(2): 247 – 253.

[89] 唐承林, 顾新, 夏阳. 基于动态能力的知识网络知识优势向竞争优势转化研究 [J]. 科技管理研究, 2013, 33(13): 185 – 189.

[90] 李文博, 张永胜, 李纪明. 集群背景下的知识网络演化研究现状评介与未来展望 [J]. 外国经济与管理, 2010(10): 10 – 19.

[91] 韩红丽, 刘晓君. 产业升级再解构: 由三个角度观照 [J]. 改革, 2011(1): 47 – 51.

第二章 战略性新兴产业集群中的全要素网络模型及要素共享机制

2010年,《国务院关于加快培育和发展战略性新兴产业的决定》将大力发展战略性新兴产业提升到国家战略高度,推进战略性新兴产业的集群式发展成为发掘新经济增长潜力、保持国家经济可持续发展的必然选择[1]。战略性新兴产业集群是某一战略性新兴产业或相关上下游产业的有关企业、机构和科研院所在地理空间上的集聚,这种集聚有利于促进组织间共享市场、设施、资源等,从而带来规模经济收益[2]。战略性新兴产业集群强调的就是跨组织的协同竞合关系以及由此带来的要素资源共享与协同效应。

战略性新兴产业集群具有网络特征[3],其网络的发展历程为经济网络、社会网络、创新网络[4]。战略性新兴产业集群正是利用创新网络,实现跨组织的知识共享与协同技术创新,从而提升产业集群整体的竞争优势[5]。网络的功能主要是促进跨组织的资源共享,国内外关于产业集群网络中共享机制的研究,主要集中在知识与信息资源的共享方面[6][7][8][9][10]。然而,战略性新兴产业集群的发展除了要具有大规模的高技术和知识资源投入以外,也与传统产业集群相同,需要有人力、物力、财力等方面的资源投入。战略性新兴产业集群的网络应该具有人力资源、物质资源、资本资源等各种要素资源共享的能力[11];而且如果能利用知识交流与共享来优化配置集群内跨组织间的要素资源投入产出关系,提高要素资源的生产率[12],那就能充分发挥产业集群网络的协同效用。

智力资本是高技术产业、战略性新兴产业的核心资源[13],包括人力资本、关系资本、金融资本、结构资本和创新资本等[14]。从要素的视角分类,对应于人力资源、资金资源、物质资源和技术知识资源等,这些资源都是战略性新兴产业集群发展所必需的投入要素。而这些要素资源又需要以网络为载体,包括社会关系网、价值网、物联网和知识网等[15]。因此,在一定程度上,战略性新兴产业集群的本质是多种要素网络的叠加;利用要素网络进行要素共享与组织协同,发挥协同效应,是战略性新兴产业集群赢得竞争优势的战略手段。据此,本章提出全要素网络的概念,构建战略性新兴产业集群中的全要素网络模型并对要素共享机制进行分析,然后以案例分析的形式明确战略性新兴产业集群要素共享的过程及其价值创造模式,以期为我国以集群的方式大力培育与发展战略性新兴产业、提高战略性新兴产业价值实现与持续发展能力提供理论上的指导。

一、战略性新兴产业集群中的全要素网络模型

(一) 战略性新兴产业集群所需的生产要素

在古典经济学中,生产要素主要包括土地、资本和劳动力;在现代社会化大生产条件下,管理和技术在生产力中的作用逐渐提升[16];而到了知识经济时代,知识资源则顺势成为企业核心竞争力的主要来源[17]。按照形态,生产要素有有形要素和无形要素之分。有形要素包括土地、资本、劳动、自然资源等,无形要素包括知识、技术、管理、经验、制度等[18]。战略性新兴产业集群的核心资源是高技术、前沿知识等无形要素,它们能为产业集群带来竞争力和竞争优势;但战略性新兴产业集群也离不开有形要素,土地、资本和劳动力等是产业集群正常运营的基础。根据西方经济学

理论，有形要素聚集时具有边际收益递减效应；而根据知识经济学理论，知识等无形要素聚集时具有边际收益递增效应[19]。战略性新兴产业集群，正是要充分利用和发挥无形要素的边际收益递增优势，从知识协同中获得竞争优势；同时，还要利用知识和技术来促进有形要素的共享与协同，让有形要素边际收益递减的程度放缓，促进产业分工与企业间协作[20]；再进一步，让有形要素和无形要素优化组合，应用于产业集群中的协同生产制造，提高生产能力与效率，提升产品、组织与集群的竞争力。

进一步细分，战略性新兴产业集群的生产要素可归为人力资源、财力资源、物质资源和知识资源四类[21]。人力资源一方面为企业生产提供所必需的劳动力，另一方面也是个体隐性知识的载体。财力资源是企业组织生产经营活动开展的前提。财力资源具有两重属性：当其作为生产要素时，是企业生产经营活动的投入；当其作为收入和利润时，是企业生产经营业务的产出。投入与产出之间的差异就是价值增值，这也是企业组织的目标所在。物质资源包括厂房、设备、工具、原材料、燃料和零部件等，是大部分企业组织的劳动对象与劳动工具。知识资源包括隐性知识和显性知识，其构成则包括经验、技术、技能、制度、流程、文本、数据、信息等，知识含量和技术前沿性是战略性新兴产业的战略性和新兴性等属性的内在依托[22]。只有当所有的生产要素资源都能优化配置和协同利用时，战略性新兴产业集群的高技术产品才能被高效率地生产出来，集群的协同优势才能被彰显。

（二）要素网络的载体与协同作用

生产要素在静态时需要库存，在动态流转时需要载体；不同的生产要素由不同的网络来承载，要素在网络节点之间的流动和转移也需要网络关系来联系和推动。人力资源及其关系资本的承载网络是社会网，社会网中的信任关系、社会联系和资源共享等能够对战略性新兴产业集群的组织经营与协同创新产生重要的促进作用[23]。财力资源、金融渠道资源以及价值增值路径等则由价值网来承载。汪涛等（2002）指出，今后的竞争，将不再是单一企业或线性价值链的竞争,而是产业集群价值网的竞争[24]。物质资源及其物流渠道由物联网来承载。物联网的诞生使得人与物、物与物之间的智能化交流突破了时空限制;物联网的应用将使得物质资源也像知识、信息等无形资源一样,能实现跨组织的共享,从而降低资源存储与配置成本,提高要素利用效率[25]。知识和技术资源的存储、学习、共享、创新和利用等,则由知识网来支撑。当前,一些学者开始从产业集群层面研究知识网络的整合功能,认为组织间、产业间的知识共享、整合和转移是产业集群协同竞争优势的来源,知识网络的有效性决定着产业集群的组织绩效[26][27]。

战略性新兴产业集群正是依靠社会网、价值网、物联网和知识网四种要素网络来实现资源的流转配置和协同利用;要素网络之间的交互作用与全力合作,有利于满足产业集群生产经营的需要,更有利于提高集群的协同效应和价值增值能力。四种要素网络协作与战略性新兴产业集群组织经营之间的关系如图2.1所示:物联网利用信息与知识系统优化配置物质资源,社会网则主要负责组织内部人力资源和组织外部利益相关者以及组织间的关系协调,知识网主要提供信息、技术和知识等资源要素,再辅以价值网的财力资源投入,就能推动生产系统的运营,将生产要素组合、加工和制造成产品,实现价值增值,然后价值回归价值网,准备下一轮的生产经营。四种要素网络是交叉作用、相互依托的关系,缺一不可,它们的协同作用才能最大化地实现战略性新兴产业集群的价值增值目标。

(三) 全要素网络的概念、结构与内在关系

显然,独立的要素网络难以支撑起产业集群的运行,而要素网络之间的协调障碍又往往是战略性新兴产业集群协同优势难以充分发挥的主要因素。将所有的生产要素集中到一张网络下进行存储、承载和流转配置,将有利于生产要素在经济目标引导下的统筹配置和协作。网络融合具有必要性和重要性,而且,事实上四种要素网络之间在技术、内容、关系等方面本来就有了融合的趋势,因此,网络融合也具有可行性[28]。据此,本章提

第二章 战略性新兴产业集群中的全要素网络模型及要素共享机制

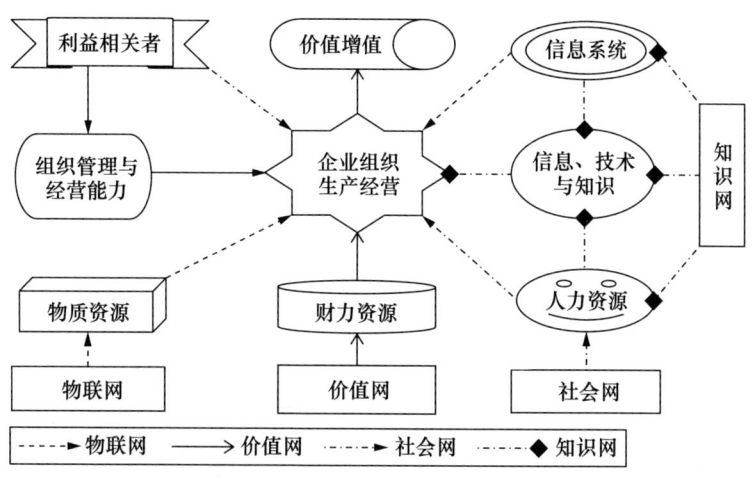

图 2.1 四种要素网络的协作关系

注：不同箭线形式代表不同网络的作用范围。

出全要素网络的概念：将产业集群范围内所有经济组织所需要的全部生产要素资源，包括物质资源、资金资源、知识资源和人力关系资源都容纳在一个统筹规划、管理和优化配置的框架内，从而实现要素资源的自由流转、和谐共享、最佳配置、高效利用的网络系统。

全要素网络既是四种要素网络的叠加，但其内涵和功能又要高于四种网络的简单加和。全要素网络有两层结构：其一，具有虚拟结构，是要素在虚拟空间的连接关系和流转网络；其二，具有物理结构，是现实中生产要素的共享协作关系和交易网络。虚拟形态的全要素网络，其本质是知识的共享与计算网络，在此网络中，所有的生产要素资源及其关系属性都被以知识标签的方式存储在知识网络中，然后就可以根据知识库、模型库、关联规则库等计算技术提供要素在集群中优化配置的解决方案，即其输出也是知识形态。物理形态的全要素网络的本质是要素的分布式存储、共享与协作关系网络，该网络对虚拟形态全要素网络计算得出的解决方案进行响应，然后在现实经济系统中建立协作关系，实现真实的要素资源共享与协同利用。虚拟形态全要素网络的核心是知识网和价值网，根据价值网的价值增值目标来计算解决方案，为战略性新兴产业集群的企业组织生成有效知识；物理形态全要素网络的核心是社会网和物联网，只有在良好的组织间协作关系基础上，才能让解决方案得以落实，进行现实中的要素资源的共享与协同。

因此，虚拟形态和物理形态的全要素网络存在内在的映射和关联关系：就静态意义而言，二者是映射关系，体现为现实中的生产要素及其关系属性等，都会在虚拟形态全要素网络中同步反映，现实的生产要素和虚拟的知识标签是一一对应的；就动态意义而言，二者是关联关系，体现为当现实中的生产要素属性发生变更时，一定会引起虚拟形态要素知识标签的变化，这种同步变化是知识计算提供的解决方案能满足现时产业集群组织生产需要的保证。如果物理形态的全要素网络无法映射到虚拟形态，则解决方案的有效性和可行性无法保障；如果虚拟形态的全要素网络无法及时反馈到物理形态，则协作失去目标，要素共享难以实施。

（四）全要素网络的框架模型

根据上述描述，可构建战略性新兴产业集群的全要素网络框架模型如图2.2所示。由图2.2可见，全要素网络的核心精神主要包括以下方面：①全要素网络由价值网、知识网、社会网和物联网等要素网络叠加而成，要素网络之间是相互映射的关系。②以价值网和知识网为核心构成了全要素网络的虚拟结构，以社会网和物联网为核心构成了全要素网络的物理结构，两种结构下的全要素网络也是相互映射的关系。③除映射关系外，要素网络之间还存在相互作用的逻辑关系，由价值网开始，经由知识网、社会网，再向物联网传递作用，促进战略性新兴产业集群中的要素资源共享，实现要素资源的优化配置与产业分工协作。④四种要素网络交叉作用，提高要素资源的配置效率，强化产业集群内跨组织间的协同效应，提升产业集群整体的价值增值能力，为集群发展提供竞争优势之源。⑤充分利用要素网络之间的映射关系和作用关系，统筹计划和协同配置产业集群内的生产要素，是全要素网络功能优势的集中反映。

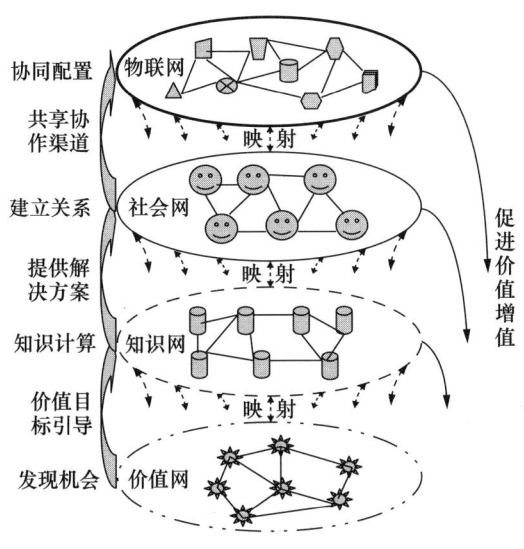

图 2.2　全要素网络的框架

二、基于全要素网络的战略性新兴产业集群要素共享机制

然而，全要素网络仅为战略性新兴产业集群的要素共享提供了一个基础条件和载体平台，至于能否真正地跨组织实施高效率要素资源共享与协同，则还需要制度安排与机制保障。要利用合理的机制，为产业集群内跨组织之间的要素共享营造出积极的环境，让多方组织均能从要素共享中获得切实的利益，从而维持要素共享的可持续。

（一）要素共享的动力机制

在战略性新兴产业集群中，众多的组织聚集在一起，形成了一个"社会"。在以往的经济学模型中，通常将经济主体做两种假设：完全理性的经济人假设和有限理性的社会人假设。对于产业集群中的企业组织而言，其实既是"经济人"也是"社会人"：一方面，企业组织会为了追求个体的经济利益最大化而做出要素共享或不共享的理性决策；另一方面，有时也会出于一些社会行为等方面的考虑而影响要素的共享决策[29]。因此，战略性新兴产业集群内跨组织要素共享的动力有经济学角度的动力和社会学角度的动力两种。

从经济学角度考虑，要素共享的动力来源于四个方面：其一，要素聚集的规模经济效益；其二，竞争与合作关系的动态均衡；其三，专业分工与产业协作的协同效应；其四，降低库存成本的考虑。首先，当要素聚集的规模经济效益呈递增状态时，战略性新兴产业的集群式发展相对于单个企业的独立发展就是有利的；多个企业的联合发展相对于单个企业而言也更具竞争优势。这就为跨组织的共享与协作提供了基础前提。其次，在剧烈变化的环境中，任何企业组织都难以独立面对市场风险，任何组织都明白借助合作来赢得竞争的重要性，然而合作关系也不是长久的，在竞争与合作的动态均衡中，弹性的"共享机制"显然是最佳选择。再次，在产业链愈趋复杂、客户需求愈加个性化的竞争环境中，唯有专业的产品和服务才能赢得客户忠诚，任何组织都不可能垄断产业链，专业分工与协作是必要的，而在协作关系中，经常性的要素共享也就成必然。最后，"零库存"理念已经深入企业管理者的决策思维，库存成本在竞争激烈的情况下就成了企业的负担和累赘。要降低库存成本，不能一味地从降低库存的方向思考，否则企业的生产制造过程可能难以持续和稳定。在这种情况下，相互间的要素共享，就成了一种有效降低库存和缓解停产风险的平衡措施。而且当要素共享能够高效响应要素需求时，企业组织通过共享获取要素资源可能会比通过库存积累要素资源更加节约成本。

从社会学角度考虑，要素共享的动力来源包括三个方面：其一，赢得同行认可和行业口碑；其二，巩固在产业网络中的核心位置；其三，建立关系网络，为后续发展寻求潜在机会。首先，一些企业组织可能会对其存储的剩余生产能力共享给其他组织，而主要目的不是从中获利，而是通过

第二章　战略性新兴产业集群中的全要素网络模型及要素共享机制

积极的态度和舆论宣传来树立起在行业中的口碑，以此赢得同行的认可，这对于一些急于建立企业知名度的中小企业而言尤为如此，"赔钱赚吆喝"就是典型例子。其次，对于一些已经在产业网络中占据一席之地且是有利位置的大中型企业而言，要稳固地位，就必须保持与周边网络节点的积极、密切联系，要素共享就是建立联系的方式之一。最后，产业集群中的部分企业组织在要素共享时可能不是为了一次性地谋利，而是希望由此建立起互助共享关系，为以后更好的协作与发展打好基础。

从政策设计角度，建立激励战略性新兴产业集群中跨组织要素共享动力的政策需要以经济学思想和社会学理念为基础，要遵循要素共享动力的内在规律，重点是：一方面，要保障战略性新兴产业集群要素共享的合理利益，让企业组织真实地通过要素共享获得实惠；另一方面，要营造积极的竞争与合作氛围，建立有利于要素共享关系稳固的策略体系，使要素共享的合作关系能够动态可持续发展，产业集群组织也能从持续发展中坚定信心、强化动力。

（二）要素共享的组织协调机制

其实，并不是所有的生产要素都能用于共享，不是所有的生产要素企业组织都愿意共享。一般而言，战略性新兴产业集群内组织的生产要素可分为一般性生产要素、专业性生产要素和战略性生产要素三种类型。一般性生产要素能够在众多企业组织之间进行共享，企业组织在有闲置的情况下也愿意进行一般性生产要素的共享。专业性生产要素只能在相似性非常高的企业组织之间进行共享，可是由于相似度高，这些企业之间一般存在竞争关系，因此共享范围会受到制约。战略性生产要素是企业组织核心竞争力的源泉，是企业组织区别于竞争对手的核心资源所在，绝不会用于共享的要素资源。因此，对产业集群内的要素共享进行组织协调应该致力于两个方面的目标：其一，促进一般性生产要素的大规模、无障碍共享，使得这部分要素的共享成为组织日常经营活动的常态性组成部分；其二，尽量依靠显性契约、心理契约等来保障和促进同行业组织之间的专业性生产要素共享，提高要素共享的价值。

对于一般性生产要素的共享，与全要素网络的框架模型相对应，主要应致力于以下三个方面的组织协调。其一，发掘要素共享的潜能，对跨组织要素共享提供充足的价值增值目标引导。即利用宣传和示范等方式，在战略性新兴产业集群中树立起要素共享的样板工程，让企业组织认识到要素共享的价值，同时分享跨组织间要素共享的经验；最重要的是，要为组织间要素共享与协作创造机会，从而在实践中激发跨组织间要素共享的潜能。其二，提高泛在计算技术和水平，让知识网络和信息系统在产业集群的跨组织管理中充分发挥作用，使企业组织能够迅速地在产业集群内获取可能共享要素的目标及相关信息，以此为高效实施要素共享提供信息支持与服务。其三，畅通产业集群内的关系网络，同时还要建立起有形资源共享的智能物流渠道。关系网络是跨组织要素共享可行性的前提，而物流渠道则是有形要素共享的基本条件，也是要素共享成本、效率和收益的决定性因素。

对于专业性生产要素的共享则主要依赖竞争环境和行业合作氛围。在竞争激烈的情况下，竞争对手之间很难进行要素共享，而上下游产业链和合作者之间则可能进行部分专业性生产要素的共享，但显然上下游产业链、合作者与核心企业之间的生产要素会以互补性为主，而能共享的要素资源是非常有限的。但过于宽松的竞争环境，则意味着竞争对手的数量非常少，此时要素资源共享没有充足的动力，也达不到相当的规模。只有适度的竞争环境，才有利于竞争对手间的专业性生产要素共享。而行业合作氛围则是竞争环境的反面，相对浓厚的合作氛围能够增强行业凝聚力，在竞争对手间形成缓冲力和润滑作用，从而有利于要素资源的共享。因此，要加强专业性生产要素的共享，需要营造出适度的竞争环境，还要通过文化建设等来营造出行业内的合作氛围。

对于战略性生产要素，则不需要对其共享进行组织协调，甚至还应该对其泄露、窃取等行为进行抵制，以保护产业集群内企业组织的合法权益，维持正当竞争的环境，促进战略性新兴产业集群的健康与可持续发展。

(三) 要素共享的利益分配机制

既然要素共享与协同能够实现价值增值，为产业集群带来利益，那么显然合理的利益分配机制就是产业集群稳固与和谐发展以及企业组织具有要素共享动力的保障。利益分配就是要将要素共享带来的价值增值在共享双方（贡献方和接受方）之间按照一定的比例进行分配，从而保障双方在要素共享中的合理回报。

对于一般性生产要素的共享，由于其具有普遍性、大规模、高频率共享的特性，利益分配应该建立起一种制度。在产业集群的组织之间形成一种共识，不需要每次通过协商签订协议，从而降低跨组织要素共享的交易成本。通过有效的要素分类管理、要素价值评估体系等，使产业集群内跨组织的要素管理变得像组织内的要素调配一样高效率，让跨组织要素共享常态化。在一定程度上，一般性生产要素的共享管理类似在产业集群内建立起一种文化生态，对其共享和利益分配都按照惯例进行日常化管理。

而对于专业性生产要素，一方面对贡献方的价值比较大，共享时可能一定程度上会对自身带来隐性风险；另一方面对接受方又会带来较大的利益。在较大规模价值增值的情况下，利益分配机制的作用就凸显出来了，需要在合理评估价值增值水平、合理评估双方的贡献值基础上，按照相对贡献的比例进行磋商性地利益分配。由此需要建立至少三种机制，即价值评估机制、贡献评估机制、协商制度。价值评估要建立在产业链、价值链基础上，高效而精确地对要素共享活动所带来的价值增值能力做出评估；贡献评估则要能分别对要素共享双方在此次要素共享与协同中所做的边际贡献进行比例分配；协商制度则要使得共享双方能够建立起有效的沟通与信息管理渠道，从而保证双方对要素共享后利益分配的满意程度，为后期持续地要素共享奠定关系基础。

当战略性新兴产业集群的跨组织要素共享在频率、规模、战略性等方面都达到一定水平时，有必要引入专业的第三方利益协调机构，通过为要素共享双方在前期的共享沟通、中期的共享协同和后期的利益分配提供专业化的服务,来提高产业集群内要素共享的效率,促进产业集群要素共享与分工协作的持续性。

(四)要素共享的保障机制

建立战略性新兴产业集群内跨组织要素共享的保障机制,需要从全要素网络的建设与优化上着力。不仅要搭建起相应的要素网络平台,更要建立起要素网络之间的映射与协调关系,保证信息传递的有效性,从而支持高效率地要素共享活动。

首先,需要建立起战略性新兴产业集群内的物联网系统,在射频识别、红外感应、定位系统、传感设备等新兴技术和设备应用的前提下,将所有组织的有形要素转换为信息与知识,通过管理信息系统实现要素知识的泛在计算与共享优化,以支撑新兴产业集群内不同要素的流转与协作。有形要素共享的效率取决于物联网供应链系统的能力;有形要素协同的质量则取决于物联网泛在计算的优化能力。物联网技术应用越广泛,要素共享的规模与效率就越有保障。

其次,需要建立起战略性新兴产业集群内的社会关系网络,以及与网络关系相辅助的文化体系。要素能否共享,不仅要有要素共享的意愿和动力,更要有要素共享的能力。而无论是意愿还是能力,都需要同时取决于共享双方,任何一方意愿和能力的缺失都无法实现要素共享。而双方要都有意愿和能力,前提是双方要先建立起合作关系以及必要的信任、沟通和交流等。社会网中的组织关系与要素共享关系是互相促进又互相制约的。

再次,知识网络的健全与计算能力是要素共享效率的前提条件。有形要素的共享与无形要素的共享(主要是指知识交流)具有密切的关系,知识的流向会引导有形要素的共享方向,知识的沟通水平是有形要素成功共享的重要影响因素,知识的计算水平决定了要素共享的价值增值能力。战略性新兴产业集群的知识网络建设要着力于如下三个方面:其一,知识型人才的相互学习与沟通交流;其二,信息管理系统的建设;其三,共性技术、专有技术以及各种知识资源的创新、开发与管理。

最后，要依靠产业链和价值链系统来强化产业集群内的产业分工与协作关系。通过产业分工来发挥不同企业以及高校、科研院所等组织的相对优势，让每个组织都能在所在领域做到前沿和专业，同时再依靠协作关系、以要素共享为支撑，协同完成产业集群的价值增值活动。产业链和价值链关系是产业集群存在的基础，只有在价值链的利益关系作用下集群内的组织才能相互协作，要素共享也才能发挥出功效。

三、案例分析

2009年，江西省确立了生物和新医药等10个重点发展的战略性新兴产业，其中生物和新医药产业在十大战略性新兴产业中发展规模和潜力都相对靠前，属于第一层级的产业。目前，已经形成了以南昌和樟树两个区域为核心的产业集群发展格局，其中南昌包括国家医药国际创新园、小蓝工业园、桑海生物医药产业园、进贤医疗器械产业园、湾里药谷等，而樟树则主要依托福城医药产业园和宜春袁州医药工业园[30]。这些医药产业园区相互协同、相辅相成，带动了全省生物和新医药产业的集群式协同发展。2010年，南昌国家医药创新园落户南昌高新区；2011年，高新区成为国家首批"中成药创新性产业集群示范基地"；2012年，南昌高新区生物医药产业集群被科技部列入"创新型产业集群试点（培育）"对象，是江西省首个产业集群被列入国家试点。

（一）全要素网络

1. 主体与社会关系网络

南昌高新区生物医药产业集群包含生物医药和生物农业两大产业，涉及现代中药、化学药、生物制剂、医疗器械、兽药和中药农业等领域。集群内驻有生物医药企业160多家，包括江中集团、济民可信、仁和药业、汇仁集团、正邦集团、双胞胎集团等众多国内知名医药、生物农业企业。通过大力调整产业结构，产业集群内已经形成了分工与协作关系清晰的完整产业链。而且，集群内的生物医药产业与科技服务业相互支撑、互动发展，形成了创新驱动发展的机制和模式。在政府层面，基于江西省"六个一"工程的发展大方向，制定出台了生物医药产业扶持政策，设立专项扶持资金；同时还建立了产业招商工作推进领导小组，建设了招商平台，持续密集地开展项目招商工作。官、产、学、研相结合的集群发展模式和复杂的社会关系网络已经形成。

2. 创新与知识网络

高新区生物医药产业集群拥有工程中心、企业孵化器、大学科技园等7个国家级科技创新载体，还囊括了中德生物联合研究院、中药固体制剂国家工程中心、国家干细胞基因库等为代表的25个生物医药研发平台与机构。南昌市生物医药科技知识与创新人才资源聚集是全国三大职业教育基地之一，包括南昌大学医学院、南昌大学生命科学与食品工程学院、江西中医学院、江西生物科技学院等高等院校，拥有一支天然医药、化学医药、生物医药的研发队伍，研制开发出了一大批新药。此外，国家级科技兴贸创新基地、国家知识产权试点园区、中国服务外包示范区、博士后科研工作站、国家级大学科技园等科技创新载体的设立，使生物医药产业集群的创新与知识网络更为健全。

3. 物流系统与物联网络

南昌国家医药国际创新园包括医药生产区、医疗器械生产区、企业孵化区、科研培训区、综合服务区、配套居住区和仓储物流区7大功能区。国药控股在高新区打造占地100亩的现代医药物流中心，建设省内首屈一指的药品流通和研发系统，药品流通渠道覆盖全省。目前，物联网技术的应用在该产业集群内尚未有体现，要素共享、联合采购与仓储、第三方物流等都存在诸多障碍，物流物联网络有待进一步开发与完善。

4. 产业链与价值网络

高新区生物医药产业集群的产业价值链完整，包括医药产品、医疗器

第二章 战略性新兴产业集群中的全要素网络模型及要素共享机制

械和医疗保健品的研发、生产、物流配送和营销等,如图2.3所示。2013年,南昌高新区生物医药产业集群实现主营业务收入320亿元,占全省生物医药产业主营收入的36%。

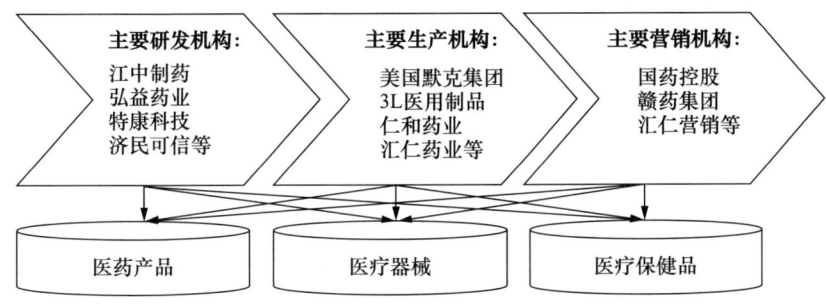

图2.3 高新区生物医药产业集群的产业价值链

(二)要素共享

1. 建设公共服务平台促进创新与知识资源的共享

南昌生物医药公共服务平台已经形成了行业协会、法律和服务咨询机构、临床服务机构、企业孵化中心等功能逐步完善的系统平台。以生物医药联合研究院建设为切入点,着力打造新药研发、公共实验室、检验检测、国际学术交流合作等多个公共服务平台,筑造科技创新高地。法玛勤医药科技公司作为政府服务功能的延续平台,在实验场所提供、实验设备和实验技术服务、新药申报、临床研究服务等技术服务以及工商注册、税务、法律、知识产权保护、专利申请、业务拓展、人力资源管理等中介服务中起到了重要的知识共享与知识服务作用。

高新区生物医药产业集群是医药企业知识学习与创新能力的"温床"。通过企业间相互了解产品生产流程、生产成本和技术水平等情况,对产品设计、开发、包装、技术和管理等方面进行持续改进与创新。在产业集群内,企业间实地参观访问、面对面交流较为频繁,新技术、新思想、新观念和新知识能够迅速传播，形成了一定的知识溢出效应。围绕知识与技术协同而进行的产业链分工与协作，有效地促进了生物医药企业的业务开展和市场开拓，促进了江西省医药产业的集群式整体升级[31]。

2. 依托设备共享网络进行生物医药科研设备的共享

2011年，江西省发布了《江西省食品药品监督管理局关于服务"生物医药产业千亿工程"的若干措施》，对设备能力共享方面提出了两个要求：其一，要采取帮扶、指导、合作等形式，重点支持一批生产企业的设备改进，提高检验检测能力，保证药品产品的质量；其二，整合各种信息资源，对接国家局和各市县，打造促进医药产业的信息互通、资源共享的电子监管平台[32]。2013年，南昌市出台《南昌市大型科学仪器设备资源共享促进办法》，鼓励高校院校、科研机构和其他企事业单位对其拥有的大型科研设备向社会开放，当年即有426台（套）大型仪器设备入网[33]。

由此，桑海等国家级科技企业孵化器都大力提供研发、试制、经营的场地和共享设施，有效地依靠设备共享提高了企业的成活率与成长性；江西中医药大学等高校也成立了大型仪器共享平台，将教学科研仪器设备存量资产转化为设备资源，为校内外提供大型仪器的信息发布、查询、使用等在线服务和技术咨询、培训、样品测试等技术服务。依托设备共享网络，在保证仪器设备安全使用的前提下，实现了大型仪器设备信息资源的完全共享，建立了清晰的仪器设备共享管理体系，降低了医药科技创新研发成本，提高了科研经费投入的使用效益。

四、本章小结

战略性新兴产业对我国国民经济和社会发展均具有重大的带动性作用。无论是国家层面还是各省市县，均高度重视战略性新兴产业的培育、布局和协同发展。打造战略性新兴产业集群，发挥知识资源和科技创新的聚集效应，将成为区域产业经济转型、促进新兴经济规模发展的有力手段。物联网技术、"互联网+"、智能制造等各种新兴技术和理念的诞生与应用，为战略性新兴产业的网络化、集群式发展创造了机遇。在新兴技术支持下，有形要素和无形要素的共享与协同效应能够更加显著，通过产业分工与协作也更能有效地发挥产业集群的规模效应。而要实现有形要素和无形要素的共享，则必须以要素网络为载体。据此，本章提出全要素网络的概念和框架模型，并由此研究战略性新兴产业集群的要素共享机制，对促进我国战略性新兴产业的集群式发展提供了新思路。依靠网络协同来促进要素协同、依靠要素协同来引导产业链协同，这将极大地有利于提高战略性新兴产业集群的凝聚力、协同力和竞争力。当然，本章在缺乏实证分析以及更多的案例分析等方面有所不足，未来将进一步对战略性新兴产业集群的全要素网络及其要素共享机制进行深入研究，为要素网络融合与产业集群发展的关系协同提供更有力的探索。

本章参考文献

［1］王启万，王兴元. 战略性新兴产业集群品牌生态系统研究［J］. 科研管理，2013，34(10)：153-160.

［2］张治河，黄海霞，谢忠泉，孙丽杰. 战略性新兴产业集群的形成机制研究——以武汉·中国光谷为例［J］. 科学学研究，2014，32(1)：24-28.

［3］刘志阳，程海狮. 战略性新兴产业的集群培育与网络特征［J］. 改革，2010(5)：36-42.

［4］余雷，胡汉辉，吉敏. 战略性新兴产业集群网络发展阶段与实现路径研究［J］. 科技进步与对策，2013，30(8)：58-62.

［5］罗慧芳. 新兴产业集群内知识创新网络的构建与分析［J］. 商业时代，2012(27)：113-114.

［6］Dai S L, Zhang H L. Assessment on knowledge network sharing capability of industrial cluster based on Dempster - Shafer theory of evidence [J]. Scientific World Journal, 2014(2): 1 - 6.

[7] Christopher Richardson. Knowledge - sharing through social interaction in a policy - driven industrial cluster [J]. Journal of Entrepreneurship and Public Policy, 2013, 2(2): 160 - 177.

[8] 谈正达, 王文平, 谈英姿. 产业集群的知识共享机制的演化博弈分析 [J]. 运筹与管理, 2006, 15(2): 56 - 64.

[9] 陈云, 王浣尘, 杨继红, 戴晓波. 产业集群中的信息共享与合作创新研究 [J]. 系统工程理论与实践, 2004(8): 54 - 57.

[10] 姜照华, 隆连堂, 张米尔. 产业集群条件下知识供应链与知识网络的动力学模型探讨 [J]. 科学学与科学技术管理, 2004(7): 55 - 60.

[11] 姜晓丽, 高长元, 张睿. 高技术虚拟产业集群资源共享激励机制研究 [J]. 科技进步与对策, 2013, 30(9): 60 - 65.

[12] 王文平, 谈正达, 陈娟. 自主内生型产业集群中知识共享与创新资源投入关系研究 [J]. 中国软科学, 2007(6): 44 - 49.

[13] Huang Yichun, Wu Yenchun Jim. Intellectual capital and knowledge productivity: The Taiwan biotech industry [J]. Management Decision, 2010, 48(4): 580 - 599.

[14] Hsu Wenhsin, Chang Yaoling. Intellectual capital and analyst forecast: Evidence from the high - tech industry in Taiwan [J]. Applied Financial Economics, 2011, 21(13/15): 1135 - 1143.

[15] 喻登科, 涂国平, 陈华. 战略性新兴产业集群协同发展的路径与模式研究 [J]. 科学学与科学技术管理, 2012, 33(4): 114 - 120.

[16] 于刃刚. 生产要素的涵义、作用及其相互关系 [J]. 当代经济研究, 1999(5): 30 - 32.

[17] 常荔, 邹珊刚. 知识管理与企业核心竞争力的形成 [J]. 科研管理, 2000, 21(2): 13 - 19.

[18] 韩江波, 蔡兵. 基于生产要素视角的产业集群升级 [J]. 上海

市经济管理干部学院学报，2008，6(6)：46-51.

[19] 纪玉山，江中蛟. 知识经济与边际收益递增[J]. 经济评论，2000(4)：16-19.

[20] 高长元，杜鹏. 高技术虚拟产业集群资源共享策略[J]. 华东经济管理，2011，25(9)：85-87.

[21] Chen Jiachun. An empirical research: The determining factors of capital structure of strategic emerging industry based on data of listed enterprises in China [J]. Modern Economy，2015，6(4)：458-464.

[22] 罗福凯，永胜. 技术资本：战略性新兴产业的核心资本选择[J]. 科学管理研究，2012，30(2)：33-36.

[23] 蔡铂，聂鸣. 社会网络对产业集群技术创新的影响[J]. 科学学与科学技术管理，2003(7)：57-60.

[24] 汪涛，李威. 中国移动通信运营商运营模式分析[J]. 中国工业经济，2003(3)：21-27.

[25] 陶冶，王雷. 对物联网发展推动生产方式变革的思考[J]. 未来与发展，2010，33(12)：6-9.

[26] 梁娟，陈国宏，蔡猷花. 产业集群知识网络绩效研究[J]. 统计与决策，2015(1)：73-76.

[27] Giulianni Elisa，Marin Anabel，Dantas Eva. The persistence of capabilities as a central issue in industrialization strategies: How they relate to MNC spillovers, industrial clusters and knowledge networks [J]. Asian Journal of Technology Innovation，2007，15(2)：19-43.

[28] 孙德忠，周荣，喻登科. 基于四网融合的产业升级与新兴产业培育研究[J]. 科技进步与对策，2014，31(7)：48-53.

[29] 陆辉. 产业集群研究的新视角：新经济社会学理论述评[J]. 科学·经济·社会，2011，29(2)：29-32.

[30] 江西省发展和改革委员会课题组. 江西省战略性新兴产业发展研究[J]. 经济研究参考，2012(26)：36-50.

[31] 南昌市发展和改革委员会国民经济综合处. 产业集群对南昌市区域经济发展的影响和作用研究 [EB/OL]. http://fgw.nc.gov.cn/News.shtml？p5=2292452.

[32] 江西省食品药品监督管理局. 关于印发《江西省食品药品监督管理局关于服务"生物医药产业千亿工程"的若干措施》的通知 [EB/OL]. http://www.jxda.gov.cn/ZWGK/GZTZ/2013/10/2325.html.

[33] 南昌市科技局. 南昌市科技局2013年工作总结及2014年工作打算 [EB/OL]. http://xxgk.nc.gov.cn/bmgkxx/kjj/fzgh/gzjh/201401/t20140107609584.htm.

第三章 全要素网络维力、产业变革与新兴产业集群形成

在全球经济一体化浪潮下,中国在劳动力、土地等生产要素上的成本优势受到全球生产网络的青睐,承接国际产业转移的规模一度达到空前水平[1]。然而,随着中国经济的发展,生产要素成本逐渐上升,国际产业又不可避免地逐渐出现迁移迹象,国际资本、制造产业开始转移到要素成本更低的东南亚国家[2]。为了应对这种挑战,保持中国经济的可持续发展,中国政府开始高度重视传统产业转型升级、新兴产业培育和产业重组整合等工作。2010年,国务院下发《关于加快培育和发展战略性新兴产业的决定》,锁定了7大重点培育的战略性新兴产业。2012年,国务院又印发了《"十二五"国家战略性新兴产业发展规划》,提出要大力发展新兴产业,优化升级产业结构,提高发展质量与效益,抢占未来经济科技竞争的制高点。在国家战略的引领下,各省市地区均开始重新定位、设计和规划产业布局,以国家层面战略性新兴产业为蓝本,制定符合省情的战略性新兴产业培育与发展方案。目前,中国在推动新兴产业发展方面取得了显著成效。根据《第三次全国经济普查主要数据公报》显示,2013年末,战略性新兴产业的企业个数达16.6万家,从业人员2362.3万人。2014年,工业高技术产业在增加值上超越传统产业,高技术高成长的8个新兴产业都实现了两位数的利润增长[3]。新兴产业正在成为拉动中国经济增长的新动力。

然而,中国的新兴产业发展还存在区域分割、产业趋同、缺乏联动、

能力薄弱等问题[4]。根据产业网络理论，网络型的产业集群发展模式将是有利于新兴产业发展的战略选择[5]。随着我国新兴产业发展的格局演变，全国和区域性的新兴产业集群将逐渐诞生，未来可能会有更多的"中关村"、"温州"、"义乌"等。以文化创意产业为例，中国已形成六大文化创意产业聚集区，每个产业区内还有着小型的产业集聚区和产业园，在空间、资源、产业链等方面表现出聚集化特征[6]。新兴产业之间以及新兴产业与传统产业之间还能发生联动效应，从而实现资源与产业协同，促进产业网络形成和产业经济健康发展。

产业网络理论认为，随着产业链在纵向上的延伸发展，产业分工更加细致，一些新的产业就会从原有产业链中独立出来，发展壮大成新兴产业；同时，不同产业链上企业组织之间进行资源共享与业务合作，产业链出现交叉，也会分离出专业化协作的新兴产业[7]。产业网络的演化就是新兴产业形成和夕阳产业衰退的代谢过程。产业网络包括行动者（厂商与客户等）、行动（组织经营和经济交易活动）和资源（生产要素，包括有形的物质资源和无形的知识资源等）[8]三个要素。因此，产业网络的本质是要素网络的叠加与整合，要素网络包括以厂商和客户等各种协作与交易关系为核心的社会关系网、以经济价值实现和增值交易为目标的价值网、以有形物质资源共享与配置为中心的物联网，以及以知识和信息共享与转移应用的知识网等。笔者所在的课题团队于2014年在《科技进步与对策》上发表《基于四网融合的产业升级与新兴产业培育研究》一文，系统提出了四网融合理念，分析了四网融合的要素构成与融合机理，研究了基于四网融合的产业升级与新兴产业培育机理，归纳了四网融合下的产业升级与新兴产业培育模式。该文指出：四网融合有利于各种生产要素的整合、共享与优化配置，从而对传统产业升级和新兴产业培育均具有重要的促进作用，由此首次将四网融合与产业发展联系起来[9]。

其实，网络融合尤其是互联网、物联网在现代化工业中应用的理念已经存在，德国应用信息物理融合系统的"工业4.0"战略在全球都产生了深远的影响。2014年，AT&T、思科、通用电气、IBM和英特尔成立工业

第三章 全要素网络维力、产业变革与新兴产业集群形成

互联网联盟,将智能设备、人和数据连接起来,形成一个由机器、设备、集群和网络组成的庞大物理世界,并以智能的方式利用交换数据,更深层面地实现工业能力与数据分析技术的结合,提高工业智能化水平[10]。由此,本章从理论层面,结合产业网络、四网融合和工业互联网革命的理念,提出全要素网络的概念,并借鉴网络维力理论,对全要素网络的维力特征进行分析,以此探索维力作用下的产业模式变革,归纳提炼新兴产业集群的形成机理,为我国推动新兴产业的集群化发展提供理论指导。通过本章研究,拟解决两个方面的科学问题:①如何形成全要素网络,支撑全要素网络运行的网络维力构成及其作用方式如何?②全要素网络的网络维力如何推动产业变革和促进新兴产业的形成?

一、四网融合下的全要素网络

价值网是企业或产业变革的必然趋势。Applegate 和 Collura(2000)指出,在网络经济时代,应该以价值网而不是价值链来分析企业的商业模式[11]。汪涛等(2002)也提出:"今后的竞争,已不再是单一企业或线性价值链的竞争,而是企业与其合作者所共同营造的价值网之间的竞争"[12]。毛蕴诗(2008)基于对波特的价值链理论,从行业边界模糊和交叉的视角提出了产业价值网模型[13]。价值网的构建与应用必然会在行业内部与行业之间催生新的价值增值环节,而这些新的价值增值环节本身就是新兴产业发展的雏形;一旦这些新兴产业被成功催生,将和之前的产业链、产业网相连接,推动新兴产业集群的产生。

在知识经济时代,技术与知识已经取代传统的劳动力、土地、资本等要素,成为组织最具价值的资源,是企业竞争优势的重要源泉。知识网络在促进知识共享、转移、整合和协同创新等方面的优势,成为最能体现知

识管理应用价值的理论模型[14]。当知识网络由组织内部向外延伸时就能产生跨组织知识网络，Zahir等（2008）构建了一个基于互联网系统应用的跨组织知识网络模型，验证了动态而复杂的跨组织知识网络有助于组织间的知识共享，从而促进协作，产生新的竞争力[15]。当知识网络的知识共享与整合功能进一步延伸，就能促进产业间的联动与协同，引起网络状产业链的重组与优化，带来产业经营模式的变革[16]。一旦知识网络完全嵌入产业网络，就形成了产业层面的知识网络，成为主导产业绩效产生和组织演化的主要推动力[17]。当前，一些学者开始从产业集群层面研究知识网络的整合功能，认为组织间、产业间的知识共享、整合和转移是产业集群协同竞争优势的来源，知识网络的有效性决定着产业集群的组织绩效[18]。

关系资源对于企业组织而言也是一种智力资本，即关系资本。关系资本通过协调企业组织与其内外部各种利益相关者之间的关系而发挥聚力，降低组织成本，赢得社会声誉，产生竞争优势[19]。社会网络是关系资本的载体，通过社会网络实现经济主体间关系的联结和各种交易活动。社会网络中的信任关系、社会联系和资源共享等能够对产业集群的组织经营与协同创新产生重要的促进作用[20]。闫莹等（2010）通过实证分析得出，网络结构下的产业集群若能通过提高互惠性，扩大合作交流范围和增加接触的机会来加强网络关系强度，将能更好地提升其整体的竞争优势[21]。

2005年，在突尼斯举行的信息社会世界峰会（WSIS）上，国际电信联盟（ITU）发布了《ITU互联网报告2005：物联网》，首次正式提出了物联网的概念[22]。物联网的诞生使得人与物、物与物之间的智能化交流突破了时空限制，对人类组织的生产力、生产方式、生产关系、经济形态、商业模式等均会带来重大变革[23]。物联网技术的应用不仅会催生一个全新的物联网产业，更会通过影响供应链物流而对大多数产业产生影响，使得产业之间联系更为紧密和高效，提高产业集群的组织效率。物联网的应用使得物质资源也能像知识、信息等无形资源一样突破空间障碍而实现组织间、产业间的共享，这将大大提高物质生产要素的利用效率，降低资源存储与配置成本，增强价值增值能力。

第三章 全要素网络维力、产业变革与新兴产业集群形成

四网融合就是指要融合价值网、知识网、社会网和物联网,通过整合资金、知识、关系、物资等生产要素,提高生产要素的配置与利用效率,创造新的价值增值机会[9]。四种网络与企业组织生产经营的关系(见图2.1)可归纳为:价值网一方面承载着生产经营的核心要素——财力资源,另一方面又实现着生产经营的目标,即价值增值;知识网则承载着两方面的资源,即硬知识(劳动力、信息系统与平台等)和软知识(信息、技术、经验等),它们都是企业经营的重要资源;关系网则起到沟通和衔接组织内外部关系(内部人力资源和外部利益相关者)的作用,是管理能力、组织能力和运营效率产生的前提;物联网则主要起到连接和配置物质生产资料的功能,依靠信息网络提高企业组织物质生产要素的智能化管理水平,促进企业外部物流和内部物流的高效运转。

从图2.1的要素网络与生产经营关系中还可以得出两点结论:其一,不同要素网络的作用是存在交叉与协同的,要素网络的融合有了存在的基础和可行性;其二,不同要素网络的作用点均是企业组织的生产经营环节,它们的共同目标是提高组织的价值增值能力,而要素网络的融合能通过协同作用来进一步提高这种能力,因此,要素网络的融合又有了存在的必要性和重要性。国内外学者开展过部分要素网络融合的研究工作,例如,宋英华(2005)提出价值—知识网的概念,结合高技术产业领域的多起大规模并购行为进行分析,认为价值—知识网的运营模式有利于高技术产业的形成与发展[24];Minna Janhonen(2011)认为,社会关系网络和知识网络都是影响团队绩效的关键因素,通过社会网络促进知识共享与创新能力,是团队绩效实现的关键[25];赖红波等(2012)认为,价值网和社会网互动有利于打破产业集群内个体企业的"社会牢笼",促进本土企业的转型升级和高端突破[26]。

据此,我们在此再次重申四网融合的理念,认为四网融合是未来组织经营模式变革的必然选择,也是新兴产业网络形成与发展的主要助推力量[9]。四网融合,是指价值网、知识网、社会网和物联网四种要素网络两两融合或多网融合,从而相互协调、相互促进,实现更高效率的要素资源

流转与优化配置，如图3.1所示。四网融合主要包括以下7个子过程。①知识网与价值网的融合：一方面依靠知识网的作用提高资金资源的优化配置和利用效率，促进价值增值；另一方面利用价值网的价值增值目标起引导作用，促进资源优化配置的相关知识的生成。②知识网与社会网的融合：一方面基于知识网进行人力资源的识别与配置，以及团队和组织关系的动态生成，促进组织关系资本的积累；另一方面在社会网中进行知识与信息的共享，为知识转移、扩散和协同创新提供载体与平台。③知识网与物联网的融合：一方面知识网的知识计算有利于物联网中物质资源的调度和优化配置；另一方面物联网平台也在不断地生成数据、信息与知识，为知识网提供持续地数据来源。④社会网与物联网的融合：一方面依靠社会网实现基于社会关系的物物相联，带动物联网的应用与发展；另一方面依靠物联网实现物质生产要素的共享，以此建立起新的社会协作关系，改

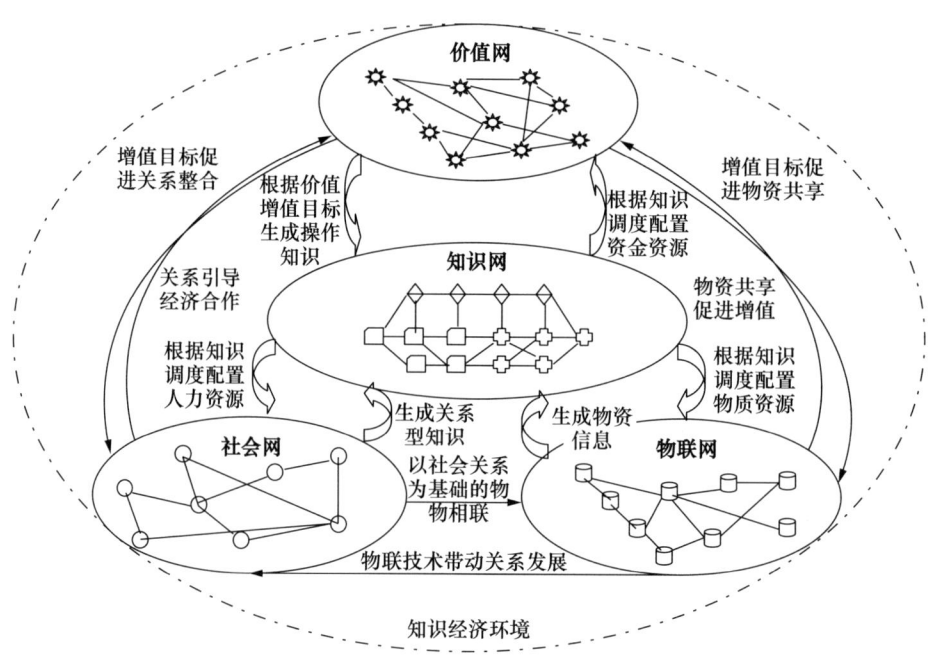

图 3.1 四网融合的理论框架

进社会网络。⑤物联网与价值网的融合：物理网技术的应用为价值增值提供新的源泉，同时，价值增值目标引导物联网中的物物相联和物资共享，为物联网技术应用的产业化带来机遇。⑥社会网与价值网的融合：在社会网中的社会资本作用于价值增值能力提升的同时，价值网也在不断地引导社会网中的关系整合、重构与变迁。⑦三网或四网的多重融合：三个以上网络的作用整合在一起，它们一方面相互协同与促进，另一方面又共同作用于组织的生产经营环节，促进企业组织的价值增值。

然而，四网融合并不是最终形态，因为此时四种网络毕竟还是分离和独立的，产业网络的组织效率取决于四网融合的程度。四网融合的最终形态应该是四种网络完全整合在一起，形成一个网络，从而在统筹全局的基础上实现所有生产要素资源的优化配置，提高组织管理与生产经营效率。因为四网融合后基本囊括了企业组织所需要的全部生产要素，在此引入全要素网络的概念对其进行界定。全要素网络，是指一个将经济区域范围内所有产业、所有经济组织所需要的全部生产要素资源，包括物质生产要素（如厂房、设备、原材料等）、资金资源、知识资源（既包括技术、经验、技能等知识，也包括承载知识的载体，如人才、信息管理系统等）和关系资源（包括内部的员工关系和上下级关系等，也包括与外部上下游产业链、利益相关者之间的关系），都容纳在一个统筹规划、管理和优化配置的框架内，从而实现要素资源的自由流转、和谐共享、最佳配置、高效利用的网络系统。

全要素网络，是在知识网、物联网、社会网、价值网四种网络深度融合基础上，整合而成的一体化网络结构，其功能在于支撑知识、物质、人才、资本等生产要素资源的流动与协同管理。全要素网络既可以看成是一个"软性"的要素管理框架，也可以看成是一个"硬性"的要素管理与调度的系统平台。一个区域层面的全要素网络，既是所有产业内经济组织生产要素的集合，是现实的网络体系；同时也是生产要素知识标签所构成的一个虚拟管理平台，其框架如图3.2所示。本质上，全要素网络就是当前工业4.0中提出的信息—物理融合系统。在这个虚拟框架中，现实中的资金、关系、物资和知识等要素均变为了虚拟的知识标签，这些标签通过以物联网和社会网为基础的关系联结起来，形成一个网络；一旦这个网络中的经济主体产生某种需求，发出指令，就会迅速在全要素网络虚拟框架中进行资源配置与组合的优化计算，现实中的经济主体只要依据计算结果进行真实的资源配置和生产经营即可。即虚拟和现实的全要素网络是相互映射和同步互动的。全要素网络以价值网的价值增值为目标，以知识网络为核心，通过知识计算来实现各种要素资源的优化配置；物联网和社会网在全要素网络中分别起着人力资源关系支持和物质资源共享技术支持的作用。在全要素网络作用下，只要有更好的价值增值机会，就能通过知识计算将这种机会在资源有效调度与组合下将其变为现实，从而极大地促进价值增值，也有利于组织变革、产业重组和区域经济发展。

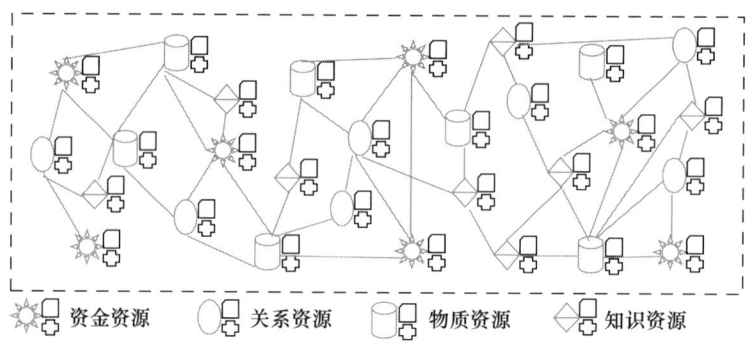

图 3.2　全要素网络的虚拟框架

二、全要素网络的网络维力

网络维力的概念由我国学者赵金楼（2006）在其博士学位论文《基于

原本观的网络维力与管理变革研究》中提出[27]。其后，他所率领的研究团队在该领域取得了丰硕的研究成果，包括国家自然科学基金项目《网络维力及信息扩散机理研究》（2009）、国家自然科学基金项目《基于网络维力的事件规模函数及其参数研究》（2012）和数十篇硕博论文、期刊论文等。网络维力理论被广泛应用于解释基于网络的信息扩散及相关事件发生的内在机理与规律。在虚拟网络时代，任何形式网络中的信息扩散规律都会受到网络维力的支配和影响，全要素网络也不例外。而且，赵金楼明确指出，由于网络维力作用而促进的管理变革是未来产业转型发展的最重要力量。因此，本章将网络维力理论引入全要素网络，分析全要素网络中的要素资源传递、共享与整合规律，为深入研究全要素网络支持下的产业变革与新兴产业形成规律提供理论支撑。

赵金楼（2006）等认为，虚拟网络中的信息传播具有弥漫特性，因此，网络空间将受到三种作用力的影响：其一，使网络中所有节点都倾向于信息资源互通有无，使信息势差降低的张力，被称为互通力；其二，由于信息资源本身具有维度特性，维度上的差异使信息之间还存在着共性与个性，在虚拟网络中具有共性的信息资源容易凝聚在一起，从而提供更为全面和充分的信息，并可能产生新的信息和知识，这种作用被称为群聚力；其三，随着信息技术的进步，互通力和群聚力的作用都是在很短时间内迅速实现的，虚拟网络和现实空间几乎在同步发生着改变，这种无时滞的作用被称为同步力[27]。网络维力，就是指虚拟网络的互通力、群聚力和同步力。全要素网络，作为区域产业经济系统所映射的虚拟要素网络，也具有这三种维力特性。

（一）全要素网络的互通力

小到一个企业联盟，大至全球经济系统，在技术允许的情况下，都可以用全要素网络表征出来。以一个区域经济系统为例，在全要素网络作用下，区域内所有产业、所有经济组织的生产要素都在虚拟网络空间中有着映射；只要系统内任何经济主体（网络节点）有要素资源的需求，那么在足够多的网络节点支持的情况下，它总是能够利用快速的知识计算和信息共享技术，来实现高效地要素资源供需匹配和共享利用。即经济主体之间是能够实现任何生产要素资源的互通有无的，这种效果就是全要素网络互通力的作用力反映。只要要素资源共享的成本低于收益，那么这种共享就会在现实中发生，带来实体经济的价值增值。因此，全要素网络互通力的强弱和作用半径取决于资源共享的成本与收益的比较。不同形式资源的共享成本与收益是不同的，如物质资源共享的成本会随着作用半径的提高而迅速增长，此时互通力的作用半径就是有约束的；知识资源共享的成本几乎不会受到物理空间的影响，其互通力的作用半径就几乎无约束。但随着物联网技术的进步和广泛应用，物质资源共享的边际成本将逐渐下降，互通力的作用半径将大大增加，全要素网络对经济增长的作用也会不断增强。

（二）全要素网络的群聚力

在过去的经济模式中，信息不对称可能能为一些经济组织带来利润增长空间；然而，随着信息网络技术发展，信息传播速度与范围都大大改善，信息鸿沟正在消失，信息不对称的优势很难在经济主体之间体现。在未来的理想经济系统中，所有经济主体的信息都能够迅速地传播、扩散、互通和汇集，从而从一个较为全面的视角对事物进行认知，经济主体将面临同样的信息背景。在群聚力作用下，全要素网络中的各种资源要素不再是按照所有权、物理位置、功能特性、获得程度等进行单一维度的分类，而是根据市场机遇和经济主体的需求而不断地进行动态匹配与整合。一个能满足某个经济主体需求的所有生产要素可能瞬间进行动态组合，变为生产要素集推荐给所需要的经济主体，同时在现实经济体系中也迅速实现生产要素的沟通、转移、共享、交易和利用，完成目标要求下的产品生产与服务提供。而一旦这个目标任务完成，还具有使用价值的生产要素又会重新被释放到全要素网络中，供其他的经济主体进行挑选和共享。即群聚力的作用使全要素网络中的生产要素不是按照属性特征进行分类聚集，而是按照经济目标需要进行动态聚集,从而更适合于要素流转和价值增值目标的实现。

(三) 全要素网络的同步力

同步力是全要素网络能够为经济主体高效率进行生产要素资源供需匹配和共享利用的保证。在传统的经济模式下,时间是产品和服务成本提高的主要因素:因为生产和消费时间不同步,产生库存成本或缺货损失;由于知识整合和技术创新需要时间,拖延了新产品上市时间;由于生产要素资源配置需要时间,降低了要素周转率和使用效率。然而,在全要素网络环境下,经济主体总是能够迅速地从网络中获得其所需要的生产要素,从而快速地进行生产经营和产品销售,从而大大地缩短了组织经营周期,提高了生产效率。在同步力的作用还可以体现为,即使企业组织在某一时间上有生产要素资源的闲置,那么它也能迅速地被其他有需要的经济主体共享和征用,从而使要素资源能够得到充分利用,为供需双方的企业组织都带来价值增值。在同步力作用下的全要素网络中,只要宏观经济环境是活跃的,市场中没有过量的剩余生产力,那么所有的生产要素都能够保持动态流转和持续使用;而且因为生产要素资源的优化配置都是在知识计算基础上实现的,因此生产要素的利用效率也都是在允许条件下最大化程度保证的。因此,可以说,互通力是全要素网络空间效率的保证,而同步力是全要素网络时间效率的保证。

三、全要素网络维力作用下的产业变革

在知识经济时代,信息传播和知识共享与创新所带来的价值增值机遇,已经呈现在我们面前。高新技术产业、战略性新兴产业等知识密集型

产业的快速发展及其对国民经济、社会和科技等各方面的作用力增强，昭示着传统产业必须变革，只有提升传统产业中的技术和知识优势，向知识密集方向转型升级，才能具有与新兴产业同台竞争的能力。在传统产业转型升级过程中，必须增强其知识和技术的创新力，同时将其知识资源和原有的物质资源、人力资源等相结合，并让其充分融入原有的产业价值链中，重塑产业链和价值增值方式。而这些都意味着传统产业的转型升级和产业变革，其实就是全要素网络的塑造过程。而传统产业在全要素网络持续重塑与优化过程中，必然会受到网络维力的影响。

赵金楼（2006）首次论述了网络维力对产业组织变革的影响[27]。他认为，随着信息网络技术的发展和产业应用，信息网络的网络维力对未来企业组织管理模式的变革、对未来产业经济和区域经济发展模式的变革将是巨大的。全要素网络的互通力、群聚力和同步力将作用于所有的企业组织、市场经济和产业系统，推动产业经济模式变革和组织重构，对传统产业升级、新兴产业形成、新老产业整合等均产生重大影响。

（一）全要素网络互通力作用下的产业变革

全要素网络的互通力作用意味着区域经济系统内所有的组织都能快速实现知识与信息共享、人才资源调配、客户资源共享、机器设备等生产要素的流动等。依赖于RFID、GPS、激光扫描等信息传感设备，物联网技术实现物物相联，并能对物质生产资料进行智能化识别、追踪和监控，完全可以支持全要素网络内"互通"的实现。随着"互联网+"在产业经济发展中的深度嵌入，由物物相联、知识共享、信息整合而带来的生产运作方式的转变成为组织创新与产业变革的主要模式。通过要素资源共享，企业组织可以进行多方面的深入变革，如设计层面可引入客户协同设计与优化；物流层面可使第三方物流、"零库存"等思想得以更好地实现；生产层面可推动业务外包、网络协同制造、工业云制造等；组织管理层面可推动团队协作乃至跨组织联盟等；营销层面可开展互联网营销、个人定制业务。虽然这些业务在传统经济中就或多或少的存在，但在全要素网络中，它们的范围和深度都将大大增加,通过管理变革来创造新的产业价值。在一定程度上,这种产业变革的需求本身就会极大地促进一些新兴产业的形成与发展,包括快速物流产业、物联网产业、电子商务产业、外包与协同制造服务业等。

在企业管理变革方面,小米手机是一个典型案例。小米是人类历史上按销售额计算成长最快的企业之一,它的互联网开发模式,引领了创客设计模式的潮流。在互联网技术的支持下,小米的研发人员根据微博、微信、论坛等渠道汇集客户的需求,对产品进行改进。目前,手机系统的更新有1/3是由用户提供,2014年高达800亿元的销售额证明了其变革的成功性[10]。在产业集群方面,华夏幸福的产业园区模式也是一个典型案例。在该园区内,不仅有电商、传媒、航天军工、科技孵化园等企业,还新增了智能家居、新能源、卫星导航等新兴产业成员。这些企业在价值链上存在着很强的互补与协同效应,在互联网技术的支持下,华夏幸福逐渐打造出了独特的产业互联网平台服务体系,将传统产业与新兴产业融合,实现了产业融通创新,创造出互利共生的新型产业生态系统。此外,目前已有较多省区市开始打造科研仪器设备的共享平台;当这种设备共享平台成功运营并延伸到其他行业、其他设备资源时,就会带来产业层面更加广泛的资源互通共享。

(二) 全要素网络群聚力作用下的产业变革

根据迈克尔·波特的定位理论,产业定位能为企业组织带来超额利润。而德鲁克也指出,21世纪的竞争不是单个企业组织的竞争,而是基于产业集群分工与协作的群体竞争。利用群体力量创造相对竞争优势是竞争加剧情况下企业组织赢得发展空间的关键。而全要素网络的群聚力作用则为产业集群发挥集群效应提供了支持,对内有利于完善集群内企业组织的生产运作和管理流程优化,对外有利于树立集群品牌,从而能从集群品牌的价值增值能力上获利。在全息性的全要素网络环境下,市场将是完全有效的,组织决策主要取决于管理者创新、技术创新、产品创新等独特的创新因素，企业组织通过核心竞争力来赢得顾客，而客户根据完全信息能迅速地实现偏好性、个性化的产品购买。在全要素网络群聚力作用下，经济主体将面临完全竞争的市场格局，组织的管理重点都放在技术和产品创新上，而产品的低成本生产、配送与销售则完全取决于生产要素的获取、配置与整合能力，因此，在生产要素资源的争夺、整合和利用上将更加竞争激烈。同时，为了赢得客户偏好，个性化产品、定制性服务、开放性营销、细分化市场等成为企业组织的竞争优势来源，企业与客户之间的距离将拉近，二者将在个性化细分市场上直接面对面。为了更好地接近客户，为客户提供更满意的产品与服务，企业组织可能将其设计、生产、营销等环节都重新布局与整合；不同企业组织在功能与目标层面聚集起来，联合实现产品与服务的"打包式"便捷提供。

例如，出于更好、更快捷满足客户需求的目的，中国的产业集群正纷纷搬上阿里巴巴的在线平台，并开始在互联网上形成全新的聚集形态，打造出了一条条动态的在线产业带。有"世界超市"之称的义乌，也入驻阿里旗下1688的在线产业带，线上商品数是线下小商品城商品总数的3倍。事实上，这种在线营销产业带只是全要素网络在客户资源与信息共享上的局部应用，而产生的电子商务产业链重构浪潮却是巨大的。在这种新的产业集群发展模式下，传统制造业将与网络零售业对接，开创出一种新型的B2B服务产业模式。

（三）全要素网络同步力作用下的产业变革

全要素网络同步力的作用体现为产业组织在时间管理和生产效率上的变革。当信息能够在瞬间被全球范围内的所有组织与客户获取时，产业价值实现的机会也就转瞬即逝，产业和企业在时间管理上要求更高，生产效率成为产业价值的重要影响因素。对于单个企业组织，需要有更具效率的技术创新与产品设计能力、更快捷的物流配置能力、更具规模效率的制造水平和更智能化的网络营销能力。对于一个产业而言，需要有更精细化的产业分工、更专业化的生产制造、更配合密切的产业链协同以及更强的跨

第三章 全要素网络维力、产业变革与新兴产业集群形成

组织沟通与合作能力等。而在产业集群层面则需要利用同步的信息扩散与知识共享,引导集群内系统性地资源配置与协同制造,从而在最短的时间内以最快速度、最低成本完成产品生产和服务提供,满足客户随时可能转换的需求。同步力的作用意味着产业集群内所有的企业组织之间都是联动的,它们总是在根据生产需要而进行不断地动态组合,有形的产业链已经模糊,变为弥漫性的要素网络形态——产业组织根据无处不在的信息和需求进行持续性地要素组合与产业重构。在全要素网络同步力作用下,任何网络节点都能实现快速响应,以及相互性地给予物质生产资料、物流配送与销售渠道、创新性人才与平台资源等各方面的共享支持。一方面,从群体共建的角度有利于单个企业组织服务运作能力的提升;另一方面,有利于产业集群内产业链的整合与价值链的重建,从而降低产业集群内的产品平均生产成本,提高价值链的价值增值能力。在全要素网络支持下,传统企业经营中存在的最大问题——最优库存问题,将能够得到完美解决。通过协同性的库存,能够最大限度地降低单个企业的最低库存需求,并最大限度地保证服务需求的供应水平。

企业层面变革的例子,如海尔打造的适合订单信息同步传递的应用平台,能够在客户订单提交后,同步性地将相关信息传递到企业内的配送系统、生产系统、采购系统,然后再通过 B2B 采购平台迅速与供应商共享。通过这种方式,海尔能实现原材料的快速配送与"零库存",同时还能促进协同制造和个性化定制等服务,极大地提高了客户的满意度[27]。事实上,戴尔的直销模式和"零库存"理念也是基于相同的原理。在产业变革方面,如优酷与土豆的合作以及爱奇艺、搜狐视频、腾讯视频的合作,使得视频产业迅速实现了产品资源的同步共享、互通与整合;康佳联合金山推出的同步云电视,则意味着广播电视产业与互联网行业的整合与同步发展。在同步力的作用下,同步性的资源获取、共享和向客户提供产品,将为企业组织创造价值增值的先机。

四、新兴产业集群形成机理

在新兴技术（尤其是信息技术、物联网技术）快速更新换代的驱动下，产业变革和迁移演化的速度也在加快。越来越多的新兴产业在形成，也有很多传统产业在面临淘汰或寻求转型。新兴产业在当代市场竞争中占据优势，而新兴产业集群的开发与培育是中国经济战略的重点。新兴产业的形成一般有两种途径：其一，新兴技术直接兴起和支撑的产业，如物联网产业；其二，新兴技术驱动传统产业转型升级后具有新兴特征的产业，如由传统农业转型而来的创意农业。而事实上，后者占大多数，也对中国的现代经济发展起到了更为广泛而重要的助推作用。在一定程度上，全要素网络驱动下的产业变革是新兴产业形成的主要源泉，更是新兴产业集群从孕育到壮大的核心驱动力。

在全要素网络技术支持下，传统产业必面临产业模式变革，进行适应性的转型和升级，激发新兴领域的需求，提供全新方式的服务供给，催生新兴产业。在传统产业升级、新兴产业培育的交叉作用下，新旧产业又会在资源、环境、能力、市场等各个方面整合聚集，充分发挥产业集群的聚集优势，促进一个个新兴产业集群的诞生与更替。就逻辑而言，全要素网络对产业变革的维力作用遵循以下过程：首先，网络互通力的作用将网络内所有要素资源汇聚起来，实现虚拟意义上的互联互通，为要素资源现实中的共享利用提供条件；其次，利用要素资源的供需匹配与共享关系强化要素所有者（网络节点、企业组织）之间的联系，这些网络节点根据要素资源的供需匹配进行不断地资源配置与重组，实现以资源和能力协同为基础的协同设计、协同制造或协同营销等；最后，如果市场需求是稳定和持续的，那么这种协同模式就有了长久存续的必要，企业组织之间的协同关系就会更加密切和稳固,当这种协同关系固化为机制和产业链模式时就催生出了一个全新的产业,多个新兴产业在虚拟或现实区域中的聚集就衍生出了新兴产业集群。将以上三个过程分别定义为资源汇聚、协同感知、泛在聚合,此即为全要素网络维力作用下的新兴产业集群形成机理。

(一) 互通力作用下的资源汇聚机理:新兴产业集群形成的基础前提

全要素网络互通力的作用将网络系统中的可配置要素资源,包括知识、资金、物资、人力等,都依靠关系而紧密联系起来;在虚拟网络中,所有的要素资源都能随意流转和调配,从而实现最优的要素组合方案;在现实经济生态下,因为有了虚拟网络的映射,即使因为物理和经济条件的诸多限制,要素资源也还是能够一定程度的汇聚。当要素资源汇聚在一起时就会从量变走向质变,主要表现为:其一,要素组合有了更多的方案,有些方案能满足一些潜在的客户需求,从而发现更多新的商业机会,催生新的产业价值链;其二,要素来源有了更多的渠道,有些渠道能够大大地节约成本,从而形成新的物流与制造方案,衍生新的价值增值模式;其三,要素资源的共享与高效利用使得一些资源能被节约出来,形成新的生产能力,完成新形式的产品供给或服务提供;其四,现实中的资源汇聚需要有载体、技术和平台,而这本身就是一种新兴的产业技术;其五,在资源汇聚下,企业组织有了更多的可选方案,动态化的组织形式可能会更具柔性和适应力。当然,要利用要素资源汇聚优势,就必须处在互通力的作用半径范围内,在物联网技术彻底突破物理局限前,产业组织就有必要限制在一个区域范围内,由此催生出产业集群。新兴产业集群的边界"可大可小"、"可有可无":以有形资源汇聚为前提的产业集群,边界相对小一些,受到物理空间的限制比较明显;以无形资源汇聚为基础的产业集群,边界比较模糊,规模相对更大。

因为互通力的作用,要素资源在网络中的流动是弥漫性的,即网络中所有产业和组织节点的资源都具有同等密度。如果一个节点的要素资源密度较低,就会对周边产业环境产生势差,吸引要素资源的填补,直到密度均衡为止。而这种填补,其实就是一个空白小生位从诞生到孕育出新兴产业的过程。无数的网络结构洞就会有无数的孕育新兴产业的可能。这些产业在全要素网络的互通力作用下又会产生新的交叉和关联,从而实现更高程度的汇聚与协同,就逐渐形成了新兴产业集群的雏形。图3.3中的三个图形分别演示了互通力作用下的新兴产业形成、新兴产业集群形成、新兴产业集群动态边界确定的过程。

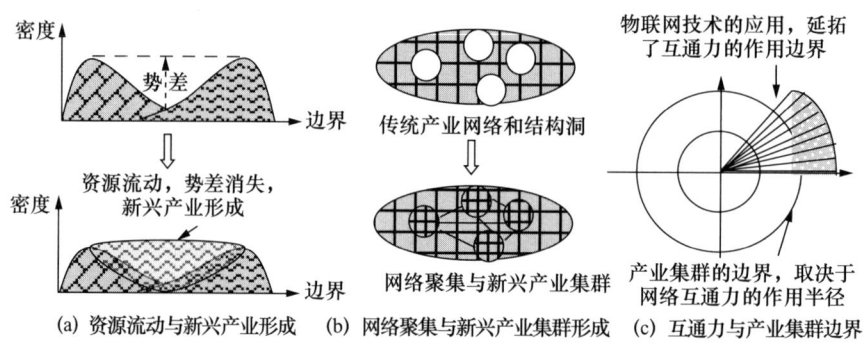

图3.3 互通力作用下的资源汇聚与新兴产业集群形成

(二)同步力作用下的协同感知机理:新兴产业集群形成的内在机制

在同步力作用下,区域经济系统中的所有产业和组织都能迅速获得比较全面的信息,也能对要素网络作用范围内的要素资源有系统的了解和感知。当新的客户需求出现时,就能激发要素网络,让隐藏在要素网络背后的产业集群网络关系也迅速联动起来,企业组织之间在联动作用激发之后发出响应,参与到产业网络的协同中。众多企业组织在同样众多的客户需求激发后,全要素网络能弥漫性地联动,产业网络中的网络节点(企业组织)就能敏感地感知和抓住机会,实现协同性地价值创造。全要素网络中协同感知的主要作用体现在：其一，客户与制造商的协同感知，实现客户参与的产品设计和产品定制；其二，供应商与制造商的协同感知，实现快速物流与零仓储；其三，多个制造商之间的协同感知，实现协同制造与产业联盟；其四，制造商与渠道商的协同感知，实现多种销售渠道的协调与市场协同；其五，制造商与竞争者之间的协同感知，促进经济系统中动态的竞争与合作。在这种协同感知作用下，企业组织之间更加倾向于合作而非竞争，更加倾向于作为产业分工的一个专业化角色参与产业协同。此时，产业分工更加细化，产业合作更加专业化，产业集群的优势体现得更加显著。

因为同步力的作用，网络内要素资源的流动都具有"小时差"特性（赵金楼认为，网络维力的两种作用特性在于："大群量"和"小时差"[27]）。企业组织只有不断抓住瞬间的机会与其他组织协同合作，才能完成一个个具有满足客户需求功能的生产任务，实现价值增值。当市场中的需求总是在变化时，企业组织形成的协同关系是动态不稳定的；但如果市场需求能够稳定下来且形成一定规模，那么由此联动的企业组织协同关系也能逐渐稳固，分工更加精细，协作更加专业，由此就能逐渐形成新兴产业。当这种协作由一个产业向周边产业延伸与融合时，处于降低成本的需要，就会对协同组织关系提出更高的需求，新兴产业集群就有了存在的必要。图 3.4 描述了同步力作用下的企业组织协同感知和新兴产业集群的形成机理。

（三）群聚力作用下的泛在聚合机理：新兴产业集群形成的物理过程

"泛在"的概念，是由美国国家科学基金委提出的泛在知识环境中衍生出来的，表示"无所不在"的含义。在群聚力作用下，全要素网络中的所有生产要素资源和资源的所有者、使用者们都不仅存在着关联，而且会动态地按照需要进行整合重组，以快速地响应需求和实现目标。在全要素网络中，要素资源有分离态和聚合态两种状态。在分离态下，意味着该要

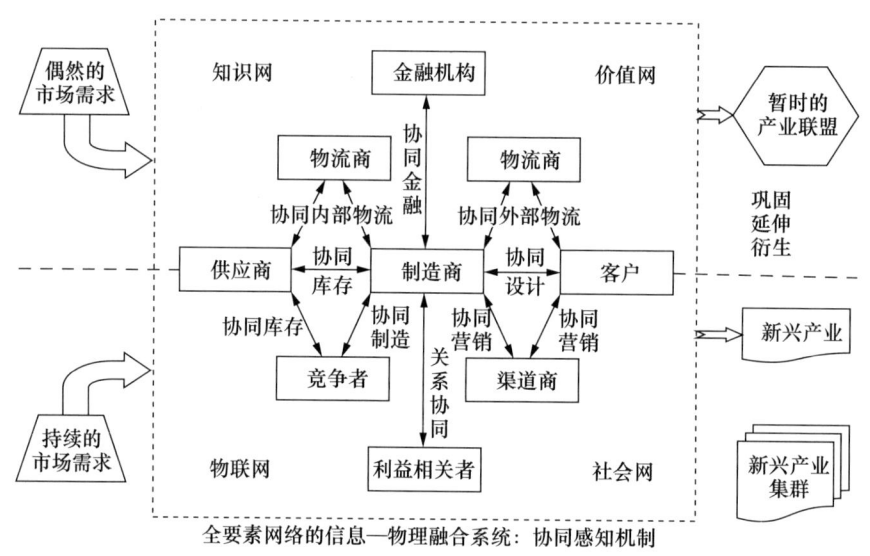

图 3.4　同步力作用下的协同感知与新兴产业集群形成

素资源目前并没有响应任何需求，是闲置的，能够供其他经济主体共享与利用；在聚合态下，说明该要素资源已经和另外一些要素资源进行了组合配置，是将要或正在被使用的，在被释放前不能再供其他经济主体共享。当市场中出现需求，而经济主体又抓住了这一机遇时，就会对全要素网络发出指令，开始最佳调配网络中处于分离态的可用资源，然后进行聚合，按照计划进行生产制造，完成价值增值过程。当已有需求被满足而新的需求又没有持续出现时，处于空闲状态的要素资源又会被释放，变为全要素网络中可供共享的分离态资源。当全要素网络的作用范围较大，经济主体和生产要素都具有相当规模时，这种分离、聚合、再分离、再聚合的行为就会变得"无处不在"、"无时不有"，也就是要素资源"泛在聚合"的物理过程。

群聚力作用下的泛在聚合过程就是在市场需求的引导下，对全要素网络中的要素资源进行动态组合与优化配置的过程，也是新兴产业形成、传统企业更新改造和产业集群动态演化的过程。当一种全新的要素组合关系保持稳固时，就意味着一个新兴产业的雏形产生；当一种传统的要素组合关系被打破后又发生重组时，就意味着传统产业的转型升级；同样，当多个要素组合关系都被打乱然后再重新配置并形成新的协作关系时，就意味着产业集群在演进。图3.5描述了全要素网络中要素资源泛在聚合的过程和产业集群的形成与演化过程。

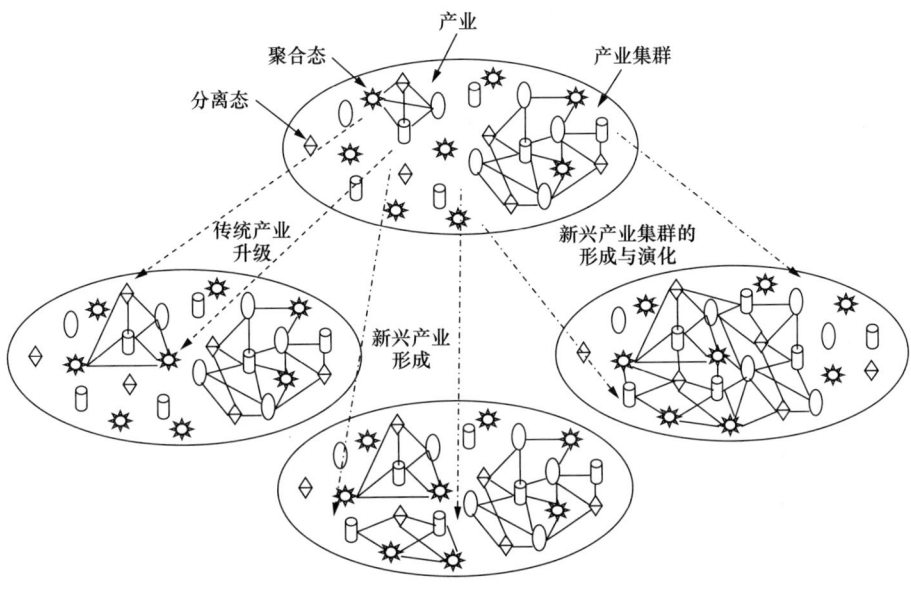

图3.5　群聚力作用下的泛在聚合与新兴产业集群形成和演化

五、本章小结

面对科技创新发展的新趋势，世界各国都在寻找工业科技创新的突破口。数字化、网络化、智能化技术的应用是现代工业转型升级的核心驱动技术，不久的将来，世界将迎来第四次工业革命。为此，美国提出了先进制造业国家战略计划，德国发布了工业4.0战略，中国也描绘了"中国制造2025"的美好蓝图。科技革命推动产业革命，以"数字创新技术驱动智能制造"为核心的新兴产业发展模式将带来一种全新的产业生态体系。信息化与工业化相结合，是这场工业革命的根本特征。由物联网、互联网、知识网、社会关系网相互作用而带来的价值网增值能力的提升，是新兴制造业的新增长点。依靠信息技术促进知识、信息、价值、设备、人才等各方面生产要素的互联互通与共享配置，是新兴产业发展中智能化水平的体现，也是提高效率、降低成本、促进增值的能力保障。要素资源的网络化共享，是第四代工业革命驱动引擎的内在本质。研究全要素网络及其对产业模式变革的影响，具有重要的理论意义和现实价值。

本章将价值网、知识网、物联网、社会网相结合，提出了四网融合的理念，进而以资源要素的共享为目标，构建了全要素网络的概念体系与虚拟框架。通过全要素网络能够实现经济系统内所有要素资源的快速流转、优化配置和协同共享，从而极大地提高要素生产效率，带来价值增值机会。网络维力理论是我国学者赵金楼提出的一种管理变革新理念，对于全要素网络的运行机制具有重要的指导意义。全要素网络的互通力、群聚力和同步力均对产业模式具有重要的变革性影响。探讨这种影响的作用模式，构建网络维力作用下的新兴产业集群形成机理，对于掌握未来新兴产业的培育与发展路径、明晰新兴产业集群的形成与演化方向具有重要意义。在全要素网络的作用下，社会生产资料将自由流转、高效配置、充分利用，从而不仅有利于节约社会资源，还能促进产业经济的智能升级与可持续发展。这可能会是第四代工业革命的终极目标与理想形态，本章从理论上给出了其内在机制和抵达路径。

当然，本章也存在着一定的局限性：我们给出的是一种理论上的模式探索和未来发展方向的预测，缺乏完美的案例分析和实证检验。毕竟物联网技术、数字化技术、智能化技术等都还在发展阶段，离普遍利用还存在较大差距。不同的要素网络虽然已经有了融合的趋势，但离全要素网络的理想状态也还较远。各种新兴产业虽然都在孕育和发展，但新兴产业集群的发展道路还很长。只要按照全要素网络构建这条道路，以要素资源智能化配置和共享为目标，终能推动产业模式的新一轮革命，让我国新兴产业以集群形式快速、协同、可持续地发展。

本章参考文献

[1] 许南，李建军. 产品内分工、产业转移与中国产业结构升级 [J]. 管理世界，2012(1)：182-183.

[2] 张林，唐艳萍. 知识经济背景下国际产业转移研究新趋势 [J]. 东南亚纵横，2010(6)：101-105.

[3] 钟蓝. 2014公报解读：新产业新业态方兴未艾 [N]. 中国信息报，2015-03-06.

[4] 丁晓燕. 我国战略性新兴产业发展中存在的问题及对策研究 [J]. 现代商业，2012(8)：71-72.

[5] 文嫮，曾刚. 全球价值链治理与地方产业网络升级研究——以上海浦东集成电路产业网络为例 [J]. 中国工业经济，2005(7)：20-27.

[6] 朱华晟，吴骏毅，魏佳丽，李伟，付晶. 发达地区创意产业网络的驱动机理与创新影响——以上海创意设计业为例 [J]. 地理学报，2010，65(10)：1241-1252.

[7] 黄守坤，李文彬. 产业网络及其演变模式分析 [J]. 中国工业经济，2005，2(4)：53-60.

[8] 张丹宁，唐晓华. 产业网络组织及其分类研究 [J]. 中国工业经济，2008(2)：57-65.

[9] 孙德忠，周荣，喻登科. 基于四网融合的产业升级与新兴产业培育研究 [J]. 科技进步与对策，2014，31(7)：48-53.

[10] 周济. 智能制造——"中国制造2025"的主攻方向 [R]. 北京：中国工程院，中国工业与信息化部，中国科学院，2015.

[11] Applegate L, Collura M. Creating e-business value [C]. Building

E – Business Online, Boston：HBS Publishing, 2000.

[12] 汪涛, 李威. 中国移动通信运营商运营模式分析 [J]. 中国工业经济, 2003(3)：21 – 27.

[13] 毛蕴诗, 王华. 基于行业边界模糊的价值网分析模式——与价值链模式的比较 [J]. 中山大学学报(社会科学版), 2008, 48(1)：156 – 161.

[14] Awazu Yukika. Informal network players, knowledge integration, and competitive advantage [J]. Journal of Knowledge Management, 2004, 8(3)：62 – 70.

[15] Zahir Irani, Kevin Desouza, Ray Hackney. Constructing and sustaining competitive inter – organizational knowledge networks：An analysis of managerial web – based facilitation [J]. Information Systems Management, 2008, 25(4)：356 – 363.

[16] 芮明杰, 刘明宇. 网络状产业链的知识整合研究 [J]. 中国工业经济, 2006(1)：49 – 55.

[17] 周浩元, 陈晓荣, 路琳. 复杂产业知识网络演化 [J]. 上海交通大学学报, 2009, 43(4)：596 – 601.

[18] 梁娟, 陈国宏, 蔡猷花. 产业集群知识网络绩效研究 [J]. 统计与决策, 2015(1)：73 – 76.

[19] Wang Chao – Hung. How relational capital mediates the effect of corporate reputation on competitive advantage：Evidence from Taiwan high – tech industry [J]. Technological Forecasting & Social Change, 2014(82)：167 – 176.

[20] 蔡铂, 聂鸣. 社会网络对产业集群技术创新的影响 [J]. 科学学与科学技术管理, 2003, 24(7)：57 – 60.

[21] 闫莹, 陈建富. 网络关系强度与产业集群竞争优势关系的实证研究 [J]. 软科学, 2010, 24(12)：43 – 47.

[22] 国际电信联盟(ITU). ITU 互联网报告 2005：物联网 [R]. Strategy and Policy Unit (SPV) of ITV, Geneve, Switzerland, 2005.

[23] 陶冶,王雷. 对物联网发展推动生产方式变革的思考 [J]. 未来与发展, 2010, 33(12): 6-9.

[24] 宋英华. 价值—知识网运营模式探讨 [J]. 科技进步与对策, 2005, 22(5): 101-102.

[25] Minna Janhonen, Jan-Erik Johanson. Role of knowledge conversion and social networks in team performance [J]. International Journal of Information Management, 2011, 31(3): 217-225.

[26] 赖红波,王建玲. 基于社会网和价值网互动视角的本土企业高端突破研究——以集群网络内企业为例 [J]. 软科学, 2012, 26(5): 118-122.

[27] 赵金楼. 基于原本观的网络维力与管理变革研究 [D]. 哈尔滨:哈尔滨工程大学博士学位论文, 2006.

第四章 全要素网络的虚实二象性与产业集群的生成与演化机理

根据波特的价值链合作竞争理论,现代社会中的经济竞争已不是单个企业之间的竞争,而是整条价值链的竞争(纵向竞争)和产业集群网络之间的竞争(横向竞争)[1]。产业链、产业集群正在成为合作与竞争的主体单位。近年来,我国不乏以产业集群方式而获得竞争优势的成功案例,如温州鞋革业、中关村IT业、上海文化创意产业等[2][3]。众多研究表明,产业集群的网络结构与功能对创新能力培育与提升有重要促进作用,进而影响产业组织的绩效实现[4][5][6][7]。然而,事实上产业集群网络的本质是由投入产出网络、技术合作网络、劳动力网络等多种要素资源与能力网络叠加而成的超网络[2],产业集群网络的竞争优势来源于要素资源的共享与能力的协同[8]。产业集群的形成与演化取决于要素网络的建设及其协同作用关系的变迁。

产业集群,表面上是企业组织在空间上的集聚;本质上则是人力、设备、知识、资金、技术、市场等各种资源的集聚。在现代企业组织的生产经营中,核心的生产要素可以分为四种类型:知识(包括以人才为载体的个体知识、以知识库和组织制度为载体的组织知识和具有显性特征的专利技术知识等,构成了组织的知识资本);关系(包括人与人、人与组织、组织与组织之间的各种共享与合作关系,构成了组织的关系资本);物资(包括厂房、设备、原材料、能源、在成品、产成品等各种有形资源,构成了组织的结构资本);价值(包括作为投入的资金和作为产出的利润等,构成了组织的金融资本)。这四种类型的要素分别由知识网、社会网、物联网和价值网四种网络来承载。因此,四网联动与融合是产业集群网络协同效应和竞争优势产生的关键[9]。

在四网融合基础上,本章提出全要素网络的概念,探讨全要素网络的虚实二象性,通过虚实相生和虚实替代等作用机理的研究,探索产业集群网络的生成与演化规律,对于加强我国产业集群网络建设与优化具有重要的理论指导意义。

一、产业集群中的全要素网络

(一) 四种要素网络

根据柯布—道格拉斯生产函数,生产要素组织关系、生产率以及技术水平决定了生产力水平,而产业组织的产出水平则取决于要素投入规模和生产力水平。换言之,对于企业组织而言,要素与能力是其生产经营的两个核心维度。而产业集群网络的优势在于,通过网络协同提升要素资源的获取、配置、协作与利用能力,从而提升企业组织同等要素资源水平上的价值增值能力。

在传统的产业经济中,人力、物力、财力是三种基本投入要素。到了知识经济时代,知识和技术成为现代企业相对于传统企业更具竞争优势的核心要素。然而,根据社会资本理论,社会网络中的信任关系、协作关系等关系资源也是企业组织获得竞争优势的来源,毕竟在市场竞争加剧、分工更加细化的全球经济一体化环境下,竞争与合作的平衡才能让企业组织保持动态持续发展。将上述要素进行归纳,产业集群网络组织与经营的关键要素包括知识、关系、物资和价值四种,而知识网、社会网、物联网和价值网是它们的载体,如图4.1所示。

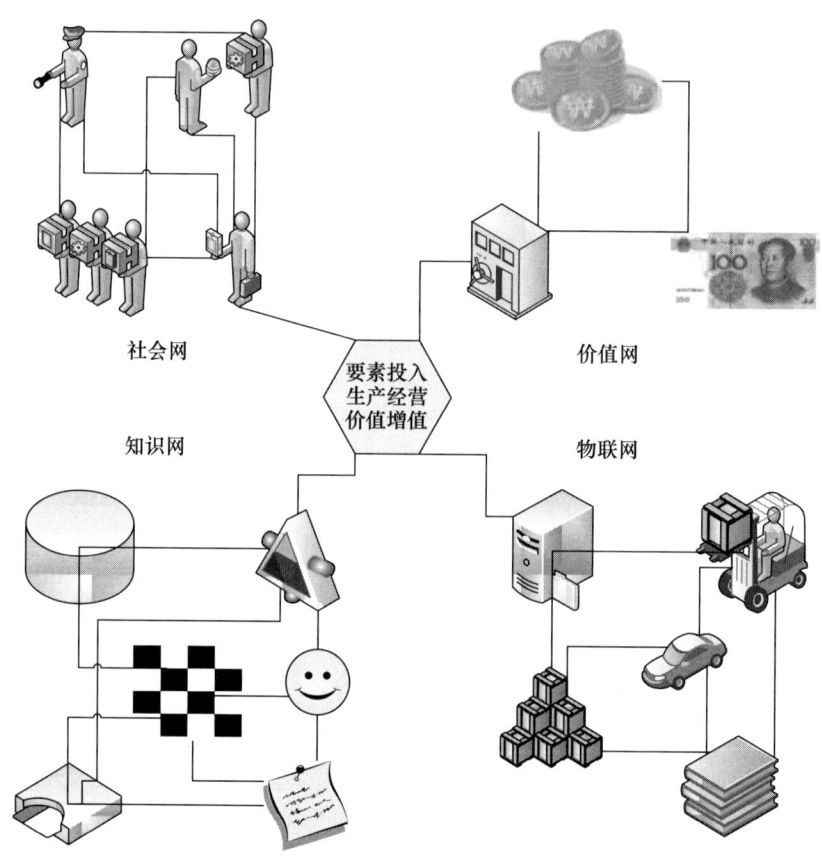

图4.1 四种要素网络

(二) 四网联动与四网融合

产业组织的经营过程就是从要素网络中进行资源调配,然后组织制造和产品销售从而获得价值增值的过程。需要特别指出的是,在传统产业组织经营理念中,要素网络有两大特征:其一,自建性,即传统企业组织为了避免"有求于人而受制约人"的风险,往往追求生产要素的高度控制性，从而都是自建知识库、人才库、资金储备、原材料和在成品库存、销售网络、供应网络等，而事实上这些要素储备占用了企业组织的大量资源，降低了资源利用效率。其二，独立性，即四种要素网络是相互独立、各自运营的。但是，此时要素的调配和经营管理需要专门的职能部门来统筹管理，管理能力成为限制企业组织生产效率的"瓶颈"因素，在要素资源组合过程中造成了大量的人力与财力损失，降低了企业的绩效。

因此，四网联动是必要的。依靠知识网来指挥和引导人力、财力和物力资源的优化配置；依靠价值网的资金调动与流动功能实现人力和物力的供应与协同，进而又通过要素资源的生产组合来实现价值增值目标；依靠社会网来实现人才与组织的多方利益主体协调，提高组织与管理能力；依靠物联网来实现快速物流与销售，提高要素资源的周转率。让四种要素网络互为依托，相互协调，进而促进要素资源的协同，提高要素组合的利用效率，能有利于组织的盈利与发展的可持续。

当然，此时四种网络还是独立的，更高层次的效率提升还有赖于四网融合。孙德忠、周荣和喻登科（2014）提出了四网融合的理念，认为将四网融合后的要素网络嵌入产业链，是产业链价值增值能力大大提升和未来产业转型发展的驱动力[9]。在四网融合后，所有的要素网络都通过一张无形的网络统一调配，从而使得要素的选择、流转、协同、组合利用在时间和空间维度的安排都更精准，提高要素使用效率；同时，区域经济系统中所有的组织也能实现更好的要素网络的对接，从而提高要素共享与经济协作水平，在分工与合作基础上分享集群竞争优势。

（三）四网融合与产业集群组织经营的关系

产业集群的本质是通过空间汇聚来促成要素资源共享与产业链协作。产业集群中的资金流转关系，构成了价值网；基于智能技术下的物资流转与供应关系，构成了物联网；技术合作、经验学习、信息系统整合等，构成了知识网；人力资源的流动、团队和组织之间的合作关系等，构成了社会网。在一定程度上，产业集群就是这四种要素网络的聚集与叠加，而且在叠加的过程中会产生相互作用与影响。例如，以社会网为基础的组织合作将带来价值、物资和技术等方面的重组整合；以价值网为基础的新型价值链业务开发，将促进物资、人力和财力等各方面的组织模式变革；一场以知识网为基础的共性技术开发与应用，可能促成整个产业集群的业务经营模式转变等。因此，产业集群组织经营中的要素网络是相互联动与融合的，联动性越高，协同效应就越能发挥出来；融合性越强，产业集群的经济一体化、稳定性、适应性等各方面的性能就会越好。

四网融合有利于增强产业集群的组织能力。产业集群，不是没有任何联系的企业组织的堆积，而是具有相似产业链属性特征的企业组织聚集。一般的产业集群可分为四种类型：基于共同客户资源的市场型集群，如小商品城；基于上下游产业链供应关系的资源型集群，如温州鞋革业集群；基于技术合作与知识共享的创新型集群，如中关村、高新技术园区等；基于资金集聚和相互拆借的资本型集群，如很多地方的金融中心。这些产业集群虽然形成的基础和目标有所区别，但其实都要依靠强大的组织能力才能发挥出集群优势，实现要素资源的优化配置与共享协同。四网融合，融合的不只是要素网络，更是企业组织之间协作关系的重组与整合。无论是虚拟还是现实的空间聚集，企业组织之间都是一种相互依赖关系，基于资源共享的利益分配机制，体现为产业集群的自组织能力。而产业集群的管理者或地方政府，则需要遵循四网融合规律，依靠资源要素的联系来推动相关政策的制约与激励，让产业集群中的企业组织都有着共同愿景，以系统整体的形式实现组织可持续发展。

四网融合能有效地提高产业集群的运营能力。四网融合能够为产业集群的运营带来三个方面的帮助：其一，为企业组织的生产要素来源和产品制造等方面的决策提供更多的可选方案，如部分共性设备可采购也可共享、部分零部件可自制也可外包、销售渠道可自建也可共建等；其二，为企业组织新技术、新产品开发和新市场机遇的发现提供了新渠道，如知识网的融合促进技术联盟合作与产品协同开发，价值网的融合有利于市场开拓；其三，能促进分工协作，提高企业组织经营的专业性，降低风险。对

第四章　全要素网络的虚实二象性与产业集群的生成与演化机理

于产业集群中的组织，无论是资源、市场还是风险，都具有分享和共担性质，四网融合能真正使产业集群中的企业组织荣辱与共，在竞争与合作的动态平衡中实现自我激励与自我救助，为组织稳定经营提供保障。

（四）全要素网络的概念、结构与框架

当四网真正融合为一体时，就变为了一张网络；这张网络能够提供企业组织经营所需的几乎全部资源要素，也能实现资源要素的优化配置与高效利用，因此本章将其界定为全要素网络。全要素网络，是指一个将经济区域范围内所有产业、所有企业组织所需要的全部生产要素资源，包括物质生产要素、资金资源、知识资源和关系资源都容纳在一个统筹规划、管理和优化配置的框架内，从而实现要素资源自由流转、和谐共享、最佳配置、高效利用的网络系统。

全要素网络，由两层网络空间结构组成：一方面，是虚拟的要素资源信息计算与管理框架；另一方面，是现实中要素资源所有权、使用权、管理权等各种权利关系的整合，是要素资源共享与协作的控制平台。两层网络空间是相互映射、动态互促的关系：虚拟层向现实层的映射表现为，利用虚拟的网络计算促进现实中要素资源的共享和配置效率，提高资源优化配置水平；现实层向虚拟层的映射表现为，当现实中的资源要素因为利用、转移、属性转化等原因而引起的变化，都要在虚拟网络中发生同步改变，否则虚拟的网络计算无法达到优化资源配置的效果。在一定程度上，全要素网络是大数据技术在产业集群管理中的应用。全要素网络正是第四代工业革命引为核心的信息—物理融合系统。

全要素网络的运行机制框架（见图3.2）如下：现实经济系统中的资金、关系、物资和知识等要素资源在虚拟网络空间中变为知识标签，这些标签通过以物联网和社会网为基础的关系联结起来，形成一个网络；一旦这个网络中的企业组织发现某种需求，发出指令，就会迅速在全要素网络虚拟平台中进行资源配置与组合的优化计算，现实中的经济主体依据计算结果进行真实的资源配置和生产经营。关于知识标签，举例如下：人力资

源—张三(描述性知识:张三,印刷工人,能熟练操作全自动丝网印刷机等先进印刷设备;操作性知识:北京昌平区,红星印刷厂,闲置转岗状态,联系方式)。通过知识标签,能实现虚拟空间与现实空间要素资源的关系对应、状态联动与位置转移,从而促进要素资源的组合运营,实现高效率、高质量的价值增值。

二、全要素网络的虚实二象性

二象性是物理学和天文学中的概念,意指物质同时具有两种几乎对立的性质。德布罗意的物质波假说认为,一切物质都具有波粒二象性。本章对全要素网络的结构进行分析,认为其由虚拟和现实两层相互映射的网络空间构成。故此,我们认为全要素网络具有虚实二象性:虚象状态下的全要素网络,是知识的共享与计算网络,利用大数据、信息和知识来进行计算与优化;实象状态下的全要素网络,是要素资源的分布式存储网络,利用网络关系将属于不同企业组织、具有不同属性与功能的生产要素联结起来。虚实二象是相互关联与映射的关系[10]。

(一) 实象:要素的分布式存储网络

产业集群中的要素资源来自全部的企业组织,这些企业组织虽然空间上存在一定的聚集性,但其要素存储其实还是具有分布式特征的。在虚拟的产业集群中,要素资源的分布式存储特征更为明显。要素的分布式存储的优势与劣势同样显著:优势在于能够降低各企业组织在单种要素资源上的存储水平,从而节约资源存储占用的成本损失,同时还能依靠要素共享建立起专业分工与协作关系,提高产品与服务的质量;劣势在于要素共享与协同关系涉及跨组织层面,要想让实物形态的要素资源在企业组织内流动,还需要部门、团队间的协调,如果要想在跨组织之间进行高效的流转与共享,将是一项更大的工程,需要更有效的协调机制。

而且,这种分布式存储系统有三个特点:其一,动态性,即所有的要素资源时刻都在发生变化,有些要素资源可能被占用或消耗,而有些要素资源可能被释放出来能够供其他组织共享利用;其二,组合性,要素资源并不是完全独立的,而是往往能够共同产生某项功能的要素资源会聚集在一起,通过一项资源的搜索能够迅速获得其他所需要的资源,当然,一项资源的占用可能也意味着其他资源的同时占用;其三,开放性,所有的企业组织在每一时刻都在对要素资源发出需求指令或释放指令,从而使要素资源在网络系统中的输入与输出都是开放、多源的。这些特点的存在使得产业集群要素网络的分布式存储与协同利用具有非常高的复杂性,分布式结构的变化也意味着产业集群经营模式的演化发展。

实象形态的全要素网络主要依赖的网络技术支持是物联网和社会网,通过社会网实现组织与组织的联系,通过物联网实现要素与要素的联系。在组织协作关系基础上,依赖物联网实现要素资源的共享与协同利用;在物物相联的基础上,不断建立起新的组织协作关系,促进产业集群组织经营模式的演化变革。这是实象形态全要素网络的运行与发展规律。

(二) 虚象:知识的共享与计算网络

在虚象形态的全要素网络中,所有的要素资源都以知识标签的形式存在。当市场中出现新的需求、新的价值增值机会,产生新的价值链或新的业务活动时,产业集群中的企业组织就会产生价值实现的愿望和目标。而产业集群中企业组织已有(或已掌握)资源和能够共享获得的资源就变为了企业组织经营的条件。企业组织为了实现利润最大化目标,需要在现有资源条件下进行要素资源的最佳配置与组合利用。这需要经过严密的数据支持与知识计算。在传统产业经营模式中,跨组织的有形资源共享与协同相对较少、规模相对较小、共享范围相对有限;但如果有新兴物联网技术和泛在计算技术的应用,跨组织的知识计算与资源共享协同就能大规模、大范围的推广。随着知识计算精度的提高，企业组织能够有更多的要素获取与组合方案，最优方案也能够最大限度地降低生产经营成本，从而提高价值增值能力。当知识计算能更多地为企业提供跨组织合作时，产业集群内企业组织的专业分工会进一步细化，协作精神会进一步加强，产业集群的协同效应会体现得更为显著。

虚象形态的全要素网络主要依赖的网络技术支持是价值网和知识网。价值网提出价值增值目标和提供价值增值业务与渠道；知识网进行知识优化计算，提供要素共享与整合方案。以价值网驱动知识网，能够持续生成新的知识，而动态的知识应用又能促进价值增值的实现；以知识网驱动价值网，能够让价值链达到最优，促进产业价值链的持续变革与动态演化发展。知识的共享在一定程度上也是价值资源的共享；价值链上的协同需要以知识共享协同为前提。这是虚象形态全要素网络的运行与发展规律。

（三）虚实二象的关联与映射

全要素网络的虚象与实象之间存在着关联作用，这种关联作用既体现为四种要素网络之间的联动，也体现为虚象要素网络与实象要素网络的联动。首先，要素网络之间存在着联动机制，这一点前文已经论述。其次，虚象与实象作为整体也会联动，或者说四种要素网络的多重叠加能够产生比二网协同更强的协同效应：一方面，在价值增值目标引导下，根据知识计算提供最佳的要素获取与组合方案，然后依赖社会网络关系和物联网技术的支持，高效地推动现实经济中要素资源的流转与共享利用，这是全要素网络虚象对实象的联动；另一方面，产业集群中的要素资源共享利用过程能够持续地生成新的知识，从而为知识系统进行数据库、模型库、关联规则库的更新，在这种动态优化下，能够最大限度地实现要素优化配置，提高价值网中的价值增值能力，这是全要素网络实象对虚象的联动。全要素网络虚实二象之间的双向联动能够形成一个循环优化系统，让产业集群的要素共享机制在知识创新基础上持续优化改进，为产业集群带来持续的价值增值空间，促进产业集群的演化与发展。

如果用数学模型来表述，就是全要素网络的二象之间存在着映射关系，这种映射关系可以用函数与反函数来表征。假设虚象为 Ψ，实象为 Φ，那么映射关系就可表示为：

$\Psi = f(\Phi)$ 或者 $\Phi = g(\Psi)$

其中，f 与 g 互为反函数，这种函数关系非常复杂，而且在不同的产业集群、产业集群发展的不同阶段，函数关系都会有很大区别。虽然我们没法准确测量这些公式中的参数与函数关系，但如果能够对不同产业集群在虚实二象的参数上进行基于问卷调查或统计数据的比较，或者对虚实二象联动作用路径与强度进行测量，那将对产业集群的分类、预测、评价、优化等都是非常有价值的。显然，产业集群的发展有赖于虚实二象的共同发展与相互作用，发展能力如果用 D 来表示，则 $D = h(\Psi, \Phi)$。根据全要素生产率的概念，h 可考虑选用柯布—道格拉斯生产函数形式。即

$$D = A\psi^\alpha \Phi^\beta$$

其中，A 为实象和虚象以外的因素对产业集群发展能力的影响，可以认为是虚实相生而产生的交互效应；α、β 为全要素网络虚象与实象的生产率，二者的权衡与选择（α/β）体现为虚实替代性。虚实相生能够创造出新的事物，有利于孕育新的产业集群网络；虚实替代会改变当前产业集群网络的要素组合关系和规律，是产业集群网络演化的内在机理。

三、虚实相生：产业集群的生成机理

全要素网络是由四种要素网络叠加而成，四种要素网络构成了全要素网络的四个维度，而四网联动则是全要素网络虚实相生的内在本质。价值网和知识网构成了全要素网络的虚象，社会网和物联网构成了全要素网络

的实象。产业集群的组织与运行正是虚象作用于实象，然后实象又作用于虚象的循环持续过程，由此衍生出虚实相生规律，如图4.2所示。

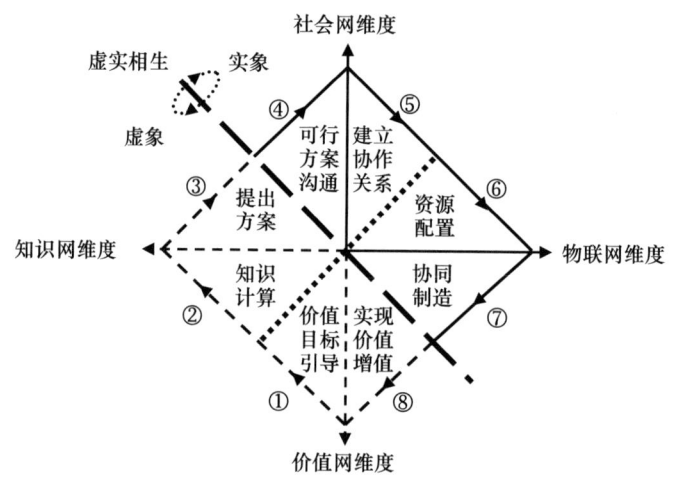

图 4.2　全要素网络的虚实相生规律

产业集群组织运行需要经过8个步骤，这8个步骤本身没有先后规律，是生生不息的。从逻辑意义上，第一步是价值链上产生价值增值的机会，生成价值增值目标，对产业集群经营形成引导；在此基础上以知识网为基础的泛在知识计算系统进行资源约束条件下的知识计算，并提出可行方案，为第二步和第三步；然后以社会网中的组织间关系为基础进行方案的可行性沟通和筛选，选择可行的最优方案建立起集群内组织间的协作关系，为第四步和第五步；进而以物联网为技术支持进行要素资源的优化配置和协同制造，完成产品的生产过程，为第六步和第七步；最后进行产品销售和售后服务，实现价值增值，为第八步。

由第一、第二、第三步的准备过程促进第四、第五、第六步的现实中协作关系的建立和资源共享配置，是由虚生实的过程；由第七步的协同制造到第八步实现价值增值，是由实生虚的过程。产业集群中的企业组织正是在虚实二象的循环相生中得以生存和发展，而产业集群也正是在这种持

第四章 全要素网络的虚实二象性与产业集群的生成与演化机理

续地要素资源共享与生产协作中得以蜕变和成长。虚实相生规律能保证产业集群组织与运行过程的持续自我实现与优化，当产业集群的现有条件不足以使虚实相生通畅时，就可能会催生新的产业集群组织模式或促使现有产业集群的升级转型；当然，如果虚实相生的机制完全被限制，产业集群也可能分崩离析而被淘汰。

聚集的要素资源的类型不同、产业集群存在的目标不同，产业集群组织也有不同的类型。由虚生实，全要素网络的重点是实象的生成，即协作关系的建立和协同生产制造的实现，其核心在于要素资源共享配置与协同利用。因此，此时产业集群存在的目标是人力、财力、物力等要素资源的聚集与协同效应的产生。资本、资源是产业集群网络核心竞争力的源泉。由虚生实，主要促使的是资本型和资源型产业集群网络的生成。同理，由实生虚，全要素网络的重点是虚象的生成，即知识网和技术创新系统的建设，通过知识空间向价值空间的映射来促进价值链的优化，提升价值增值能力。其关键规则在于知识与技术向价值的转化，此时产业集群存在的主要目的是促进知识共享与协同创新，并由此建立高附加值价值链。由实生虚，主要作用于创新型和市场型产业集群网络的生成。当产业集群致力于多种要素资源的聚集和共享时，就会出现混合型产业集群网络。例如，北京中关村，它最重要的特征是高技术密集和创新网络，因此是创新型产业集群；但同时集群内由存在专业的分工与产业链协作，因此也是资源型产业集群；而同时电子产品的生产、销售和售后也是其产业集群存在的重要特征，因此它还是市场型产业集群；中关村还是创业投资资本的聚集地，也是资本型产业集群。由此，中关村是一个典型的混合型产业集群，其内在的"以创新带动技术发展、以技术发展促进产业分工与协作、以产业协作促进价值增值"机制，是虚实二象性和虚实相生规律的反映，也是中关村快速与可持续发展的关键。基于虚实相生的产业集群网络生成机理如图4.3所示。

全要素网络与产业集群发展

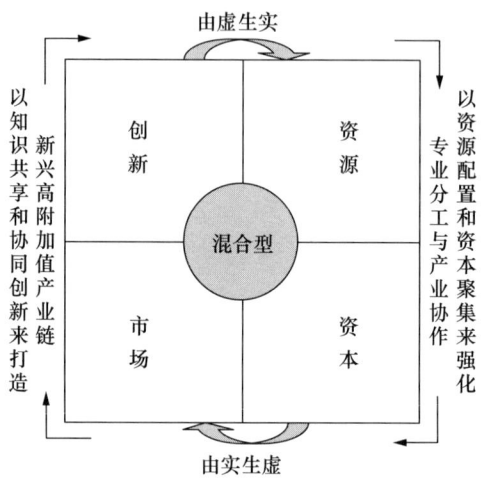

图 4.3　基于虚实相生的产业集群生成机理

四、虚实替代：产业集群的演化机理

在西方经济学模型中，生产要素之间往往具有一定的替代性。在产业集群发展过程中，全要素网络的实象和虚象之间也存在着一定的替代关系。例如，随着知识经济的发展，越来越多的企业组织倾向于加强知识与技术创新，利用知识资源来替代传统的土地、资本、劳动力等资源，构筑起核心竞争力；同时，也有越来越多的企业（如美特斯邦威）开始利用分工协作关系将自身的价值增值环节定位于价值链的始末端，专门从事研发设计和市场营销。这都是虚象的全要素网络替代实象的全要素网络的表现。也有一些产业集群完全放弃虚象全要素网络的构建，而专门进行实象全要素网络的建设与要素聚集，通过专业分工与协作来谋求价值增值。例如，近些年我国大量存在的各种外包服务业，以及在智能交通业中蓬勃发

第四章 全要素网络的虚实二象性与产业集群的生成与演化机理

展的车联网行业等,都是实象全要素网络重构的表现。

在产业集群网络的演化过程中,如果虚象逐渐代替实象并取得优势,那么产业集群将向面向制造的服务业转型;如果实象逐渐代替虚象并取得优势,那么产业集群将向面向服务的制造业转型[11]。将这两种产业(产业集群)组合起来一起演化和发展,就推动了我国制造业的系统转型与升级,也就有了以服务型制造、智能制造为特征的"中国制造2025"的发展思路与雏形。

在目前的经济体系中,全要素网络的四种构成性要素网络之间存在替代关系与融合趋势。一方面,知识网的作用逐渐增强,知识、技术、智能计算等在制造业中大量应用,从而加强资源获取与要素配置能力,还能促进专业分工与协同制造,从而大大提升制造业的生产率。物联网在制造业中的应用正是知识网、互联网与普适计算技术相融合的结果。知识网与物联网的相互作用与融合,其结果就是工业4.0的出现[12]。另一方面,社会网络的作用逐渐增强,专业分工、跨组织协作成为企业组织与产业集群赢得竞争优势的手段。社会网的纽带关系替代部分传统的价值链分工合作关系,衍生出社会资本,对产业集群竞争优势也起到提升作用。以上两个方面,第一个方面是全要素网络中的知识网强化替代物联网功能,即虚象替代实象;第二个方面是全要素网络中的社会网强化替代价值网功能,即实象替代虚象。

由此,产业集群全要素网络的虚实替代规律和产业集群演化机理可表述如图4.4所示。在服务型制造业中,将主要是创新型与资源型产业集群,以知识网中的技术创新能力来替代和促进物联网环境下的要素资源配置与共享利用能力。在生产性服务业中,将主要是市场型和资本型产业集群:如果以有形物资的供需交易为核心,则演化为市场型产业集群;如果以资金资源的供需借贷为核心,则演化为资本型产业集群。

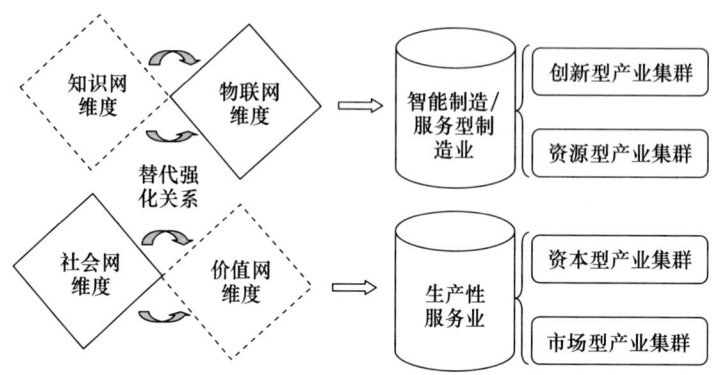

图4.4 全要素网络的虚实替代规律和产业集群演化

五、本章小结

面对工业4.0和中国制造2025的新形势,产业转型和智能制造成为我国应对全球产业经济变革的手段。产业经济在地理区域、资源能力、技术创新、市场占据等各方面出现明显的分工协作和产业集聚特征,产业集群网络的演化升级成为基于产业集群的竞争环境下产业经济竞争优势获取的制高点。知识网、价值网、物联网、社会网等各种网络载体的应用则使各种隐性资源在产业集群竞争中的作用加重,也为产业集群的网络化组织与运营创造了良好条件。全要素网络的建设与优化将是主导未来产业集群形成与演化的核心因素。为此,本章研究了全要素网络的虚实二象性特征以及虚实相生、虚实替代规律,并在此基础上探讨了产业集群网络的生成与演化机理,对于我国产业的集群式发展具有重要的理论指导作用,为产业集群发展理论提供了一个全新的研究视角。当然,本章在缺乏实证或案例分析的技术支持、理论缺乏验证等方面还存在一些不足,未来将进一步对

第四章　全要素网络的虚实二象性与产业集群的生成与演化机理

产业集群的全要素网络进行深入研究,对其虚实二象性和相生、替代等规律也做案例分析和实证探索。

本章参考文献

[1] Michael E Porter. Competitive advantage：Creating and sustaining superior performance [M]. New York：The Free Press, 1985.

[2] 蔡宁,吴结兵,殷鸣. 产业集群复杂网络的结构与功能分析 [J]. 经济地理,2006,26(3)：378-382.

[3] 朱华晟,吴骏毅,魏佳丽,李伟,付晶. 发达地区创意产业网络的驱动机理与创新影响——以上海创意设计业为例 [J]. 地理学报,2010,65(10)：1241-1252.

[4] 李志刚,汤书昆,梁晓艳,赵林捷. 产业集群网络结构与企业创新绩效关系研究 [J]. 科学学研究,2007,25(4)：777-782.

[5] 曹丽莉. 产业集群网络结构的比较研究 [J]. 中国工业经济,2008(8)：143-152.

[6] 王辉. 产业集群网络创新机制与能力培育研究 [D]. 天津：天津大学博士学位论文,2008.

[7] Coe N, Johns J. Beyond production clusters, toward a critical political economy of networks in the film and television industries [C]//Power D, Scott A J. Cultural Industries and the Production of Culture [A]. Oxon：Routledge,2009：188-204.

[8] 纪玉俊. 产业集群的网络组织分析 [D]. 济南：山东大学博士学位论文,2009.

[9] 孙德忠,周荣,喻登科. 基于四网融合的产业升级与新兴产业培育研究 [J]. 科技进步与对策,2014,31(7)：48-53.

[10] 喻登科. 理想网络与有线网络的功能约束对比分析 [EB/OL]. 中国科技论文在线. http：//www.paper.edu.cn/releasepaper/content/200803-174,[2008-03-07].

[11] 何哲,孙林岩,朱春燕. 服务型制造的概念、问题和前瞻 [J]. 科学学研究,2010,28(1):53-60.

[12] Rainer Drath, Alexander Horch. Industrie 4.0: Hit or hype? [J]. IEEE Industrial Electronics Magazine, 2014, 8(2): 56-58.

第五章 基于场态效应的产业网络演化模型

随着全球经济分工的不断深化和扩展，大型产业链开始逐步分化，分工、竞争与合作成为企业组织的经营常态，产业内和产业间的网络化组织特征愈趋明显[1]。产业网络的定位优势、网络协作与互动以及网络资源共享与协同创新等已逐渐成为企业组织获得网络附加值和提升竞争力的源泉[2]。越来越多的企业或产业组织开始聚集，通过产业集群的方式充分利用网络资源与能力，从而获得价值链治理上的优势[3]。随着中国战略性新兴产业发展战略的不断推进以及"中国制造2025"的落实，未来若干年内中国的产业格局必将发生重大变化：传统产业面临转型，新兴产业面临机遇与挑战，产业网络将在持续地调整中演化升级。以产业网络为对象，对其演化机理进行研究具有重要的时代意义。

关于产业网络，国内外都已经开展了较多的研究工作[4]，主要集中在产业网络的战略设计[5][6]、协同治理[7][8]、关系演进[9][10]、系统分析[11][12]、转型升级[13][14]等方面。几乎没有文献从"场"的视角切入，对产业网络的场能与场效进行研究。然而，张丹宁等（2008）指出：在产业内外的竞争与合作中，每一个企业组织都被吸纳到一个无形的网络结构中，很难游离于这种网络所产生的"场"以外[4]。"场"的概念源于物理学，其后逐渐被应用到社会、经济、管理等各个层面，形成了场态经济学等交叉科学[15]。王国红等（2010）研究认为，产业集群内的企业组织会通过知识场的作用对集群创新产生推动作用力，从而对产业集群的技术创新与演化发展带来影响[16]。显然，产业网络会受到场力的作用，但产业网络中的场绝不仅仅是知识场一种作用源那么简单。因此，本章从场态效应入手，研究产业网络的场态效应和演化机理，明晰场态效应对产业网络演化的带动作用，兼而讨论场效效应作用下的传统产业升级和新兴产业培育机制，具有重要的理论创新价值和现实意义。

一、产业网络及其场态特征

根据张丹宁等（2008）的定义"网络是具有参与行为能力的主体在参与过程中通过资源流动，在彼此之间形成的各种正式或非正式关系，行为主体在产业内或之间形成的网络统称为产业网络"[4]，可知产业网络主要由主体、资源、关系构成。国外学者 Hakansson（1992）[17]、Hakansson 和 Snehota（1995）[18]以及 Welch 和 Wilkinson（2000）[19]等都认为，产业网络的三要素是行动者、行动和资源。其实这两种定义没有区别，都认为产业网络中存在一种力的作用（静态视角，是关系；动态视角，是行动），发力者是主体，受力者（或者说是作用对象）是资源要素。产业网络本质上就是依靠网络关系与协同行动，对生产性资源进行主体间的共享、流转与配置。当这种资源协同作用在产业网络中达到一定规模，在网络中发散和弥漫，并且形成某种具有规律性的方向特征时，就有了"场"的属性。产业网络的场态特征可以从以下几个方面定义：

（一）场源

场源，就是场力的源头或发起者。在产业网络中，按照规模大小可以将场源分为四个层次：第一层次，单个的企业组织，它们在网络中依靠竞争与合作关系实现资源的获取与配置；第二层次，企业组织联盟，多个具有共同利益或契约关系的组织在网络中以合力的形式获得资源，同时对其他主体产生影响；第三层次，一个产业，即以产业竞争的形式完成资源、市场、竞争位势的争夺，对产业经济体系的发展路径形成深远影响；第四层次，产业集群，通过聚集优势让产业集群生成合力，共同对外界在资源竞争等方面形成作用力效果。在整个经济系统中，各个层面都有大量的场源在对周围环境产生场力的作用，这些场力重重叠加后的宏观效果就引导着各种生产要素资源的配置以及整体竞争格局的演变。当所有场源的作用力方向高度一致时，就能涌现出巨大的场力，对经济模式产生深刻的影响。网络经济、知识经济和"工业4.0"都可以认为是场力作用效果的宏观体现。

（二）场力

研究场力，需要从三个方面出发：力的属性，即包括几种力的作用；力的方向，即作用对象和受力点的位置；力的大小，在场理论中，也叫场强。

在产业网络中，存在着多种场力的作用，如知识场发出的场力、技术创新场发出的场力、人际关系场发出的场力、价值场发出的场力以及由要素供应关系场发出的场力等。这些形形色色、错综复杂的关系和力的作用，最终才决定了企业组织的成功程度。将所有的场力进行归纳总结，可以认为产业网络的场力包括能力场力、关系场力两个维度。能力场力由知识场、要素场、价值场等发出；关系场力由人际关系场、供应关系场、合作关系场等发出。能力场力的作用效果是实现生产力或者是竞争力的提升；关系场力的作用效果是生产关系的优化，或者是关系资本的积累。

产业网络中能力场力与关系场力的协同作用，就能实现要素资源的优化配置、合理组织和高效利用。因此，场力的作用对象是资源，既包括生产要素资源的获得与配置，也包括客户资源和渠道资源等方面的拓展。当所有场力同时发出作用时，依靠资源配置所传递产生的效果就作用于整个经济的运行，从而推动产业经济的增长。

就个体层面而言,竞争力的提升或关系资本的积累就是场力的作用效果,其提升的幅度与速度,可以是场力大小的衡量指标;从整个产业经济的角度出发,生产力的提升或生产关系的改善,是场力的作用体现,其改善程度可以作为场强的测量指标。

产业网络的场力作用如图 5.1 所示。

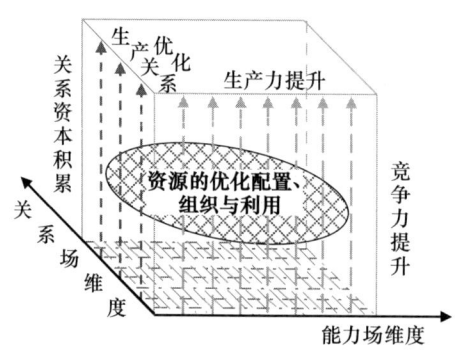

图 5.1 产业网络的场力作用

(三) 场势

场势,是场源对周围环境和其他主体形成的一种无形的压力或吸引力的影响;产业网络中企业组织或其他层面场源的场势,是其在产业经济中话语权、竞争力和竞争优势的体现。当企业、产业或集群散发出这种位势时,即使没有具体的场力指向作用,周边的主体也会感知到这种竞争实力的存在,从而吸引潜在的合作者与客户,对竞争对手或替代者则构成压力。从产业经济这个宏观层面看,场势表现为生产力或生产关系上要求变革与进步的方向与力量。例如,知识经济时代来临,所有的高新技术和知识密集型企业都面临发展的机遇,在科技创新和新产品开发方面占据优势;这股场势的作用就对传统产业形成了挑战与压力,即使新兴技术密集产业没有专门针对哪个传统产业进行阻击。同样,当数字技术、智能技术发展到相当水平时，第四次工业革命的浪潮就席卷全球，"中国制造2025"其实是顺应这种场势作用而做出的适应性变革。

不同层面、不同规模的场源所具有的场势是不同的：单个企业组织即使自身实力很强，也难以对产业经济环境产生很大的影响；企业组织联盟则不仅会对联盟内成员产生影响，还会对其他相关组织群体产生带动作用；一个产业乃至产业集群的场势，则可能引起全行业经济、区域经济乃至全球经济模式的变革。这也是很多企业组织希望进入产业集群的原因，一方面是为了依靠产业集群中成员间的资源协同与价值链合作而提高竞争力；另一方面是为了依靠产业集群的场势作用对竞争对手、利益相关者和市场形成作用力，从而获得竞争优势。

由此，可以对"产业网络场"进行如下定义：由单个企业、企业联盟、单个产业、产业集群四个层面的主体，以资源优化配置和组织利用为目标而进行的基于能力和关系的相互作用，以及这种作用在微观和宏观层面上的势能体现。

二、产业网络场的演化机理

产业网络场有两层边界：第一层是物理边界，在物理边界范围内由不同层面主体所构成的实体组织架构，代表的是生产力的范畴；第二层是虚拟边界，既是场力和场势作用范围的体现，也是网络组织能产生影响力的极限边界，更是网络组织发展的潜力所在，属于生产关系的范畴。在物理边界范围内，主体间的关系是实实在在存在的，是一种行政、契约为引导的明确、稳定的合作关系；在虚拟边界内，场力作用是弥漫性的，无实际的协作对象，协作关系也是动态、模糊的。产业网络场的演化就是产业网络物理形态和虚拟形态的演化,以及两种演化之间的相互制约与促进关系。

(一) 产业网络场物理形态的演化

当产业网络生产力提高时,意味着产业网络主体的竞争力增强,物理边界会扩大,也就意味着产业网络场物理形态的演化。要提高产业网络的生产力,对应于柯布—道格拉斯生产函数的原理有三种来源:其一,依靠技术创新促进技术进步;其二,提高生产要素积累水平;其三,提高组织与管理能力。在企业组织进行技术创新时,能完成组织在技术、产品、市场、规模、品牌等各方面的综合竞争实力的提升,使企业组织在市场竞争中的位势增强;同时还能带动其他组织的技术进步与发展,推动产业技术变革,促进全行业技术经济转型。在企业组织的生产要素获得能力增强,人力、物力、财力等各方面要素资源积累时,意味着企业组织的规模和竞争力都在提升,其竞争优势也自然强化。同样,当企业组织的管理能力提升时,能更有效地组织要素配置和生产经营协作,从而提高生产效率,扩大生产经营的规模水平。在这三种情况下,产业网络场的物理形态都能不断扩大,将企业组织推向组织联盟,进而推向新兴产业乃至产业集群形态,实现产业网络的可持续成长。

(二) 产业网络场虚拟形态的演化

在一定程度上,产业网络生产力提高(物理边界扩张)本身就会带来竞争力增强和生产关系的优化。产业网络场的虚拟形态是由主体间相互作用的力与关系来支撑的,当生产关系发生变革时,虚拟边界就会扩张或紧缩。需要说明的是,虚拟形态与物理形态不同:在物理形态下,边界扩张则意味着生产力增强,边界紧缩则意味着生产力下降;而在虚拟形态下,虚拟边界的扩张或紧缩可能只是因为生产关系调整的需要,也可能是生产关系强化的体现。例如,当一个企业组织希望走多元化发展道路时,就需要与更多的供应商、合作者产生协作关系,其虚拟形态就会扩大;而若其选择归核化路径时,就需要尽量减少多边合作带来的资源浪费和市场风险,其虚拟形态就会紧缩。对于整个产业经济或者区域经济而言,虚拟形态的产业网络场总是动态演化的,因为产业网络内的协作关系以及对周边环境的交互关系也都是在不断改变的;在全球经济一体化的开放型经济环境下,这种动态演化特征更为明显。

(三) 两种形态的交互作用与协同演化

根据政治经济学理论,生产关系和生产力是相互作用的,生产力决定生产关系,同时生产关系又反作用于生产力[20]。同理,产业网络场的物理形态和虚拟形态也存在交互作用关系:当物理形态扩张时,意味着产业网络的生产力和竞争力都增强,此时原有的协作和生产关系就会不再适应新型生产力的需求,然后在生产力的引导下进行组织变革和关系调整,从而产生新兴的组织模式与协作关系,使虚拟形态发生变化;当虚拟形态发生变革,如互联网经济催生新型组织模式和客户关系时,也会要求产业网络在生产经营方式上做出调整,生产能力和生产效率也有更高要求,不适应的传统产业被淘汰,而勇于挑战的新兴产业则会迅速成长,引起物理形态的变迁。物理形态和虚拟形态是一种相互适应的关系,但它们的发展可能会不同步:当物理形态的演化慢于虚拟形态演化时,虚拟形态会对物理形态产生作用,促进物理形态的适应性成长;同样,当虚拟形态的演化慢于物理形态的演化时,虚拟形态必须做出调整以跟上物理形态变化的步伐。产业网络场正是在这两种形态的交互演化过程中实现可持续发展的,在这种发展过程中,产业网络的生产力不断提升,生产关系也在不断优化,产业网络则不断以新的模式呈现和演进。

产业网络场:物理形态和虚拟形态如图5.2所示。

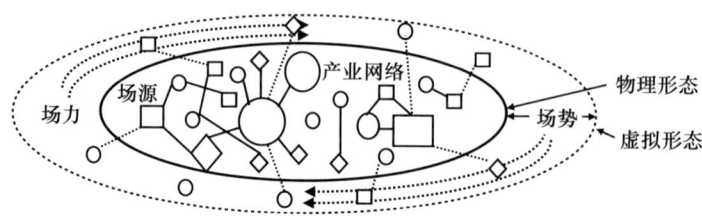

图 5.2 产业网络场：物理形态和虚拟形态

注：方块、圆、菱形等代表不同规模、不同类型的企业组织，实线表示以正式或非正式契约为基础的稳定协作关系，虚线表征场力的作用。

三、场态效应对产业网络演化的带动作用

因为产业网络场分为场源、场力和场势三个要素，而场的演化又分为物理形态和虚拟形态两种形态的演化，因此，场态效应对产业网络演化的带动作用可分为六种模式，如图 5.3 所示。

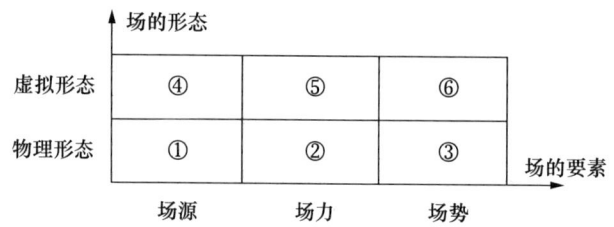

①场源升级下的物理形态演变模式　②场力作用下的物理形态演变模式
③场势引导下的物理形态演变模式　④场源升级下的虚拟形态演变模式
⑤场力作用下的虚拟形态演变模式　⑥场势引导下的虚拟形态演变模式

图 5.3 场态效应对产业网络演化带动作用的六种模式

（一）场源升级下的物理形态演变模式

在经济动态变化环境中，时刻都在发生着各种组织的发起、重组、并购、集聚、解散等行为。企业组织在成长过程中，由不起眼的小微企业逐渐成长为中型企业和大型企业，同时还会加入企业联盟、产业集群等。就是这些行为和组织模式的动态调整，使产业网络场的场源也在不同层次间转换、变化和升级。场源升级意味着场力和场势的增强，意味着企业组织竞争力和竞争优势的提升。这个升级和成长的过程，从宏观层面产生涌现和集聚，就促成了产业网络层面上的物理形态演变。例如，中国北京、上海、深圳等大城市形成了以中小企业为主体的创意产业集聚区，这些地理邻近的企业组织依靠产业集聚形成场势，提升竞争力的行为，创造出了中国创意产业的当前竞争格局[21]，这就是场源升级对产业网络场物理形态的影响。

（二）场力作用下的物理形态演变模式

为了提高要素资源的配置和利用效率，降低成本和提高生产率，企业组织无论是生产、管理还是组织控制模式，都要与要素资源的配置路径相匹配。当要素的来源渠道发生变化时，企业组织模式需要做出调整；当要素加工技术或设备改进时，企业组织需要改变和适应；当生产关系优化和生产力提升时，就可以适当地扩大规模或引入合作伙伴；当与合作伙伴的关系发生变化时，就需要做出关系管理的变革。这些场力随时都会产生作用，引导产业网络组织在物理形态上做出适应性调整。例如，当戴尔依靠先进的电子订单管理系统来推进其直销模式时，它就与传统电脑制造企业不同，将供应商、库存、制造等从企业组织分离出去，实现零库存和快速响应，提高产品个性水平和竞争力；但当戴尔的直销和体验店模式在中国行不通时，就只能同样建立起分销和零售渠道[22]。

（三）场势引导下的物理形态演变模式

在知识经济浪潮下，企业组织更能收集到其他组织的信息，利用知识学习、技术协同等方式，向场势高的组织学习、模仿乃至超越；同时，在竞争激烈的环境中，企业组织只有不断地超越自我、超越竞争对手，才能在市场中寻求生存与发展。也就是说，企业组织是生存在一个生态环境中的，时刻都受到其他场源的场势压力或推力的作用，场势既会给企业组织带来威胁与无形压力，同时也会给企业组织向更高级演进带来动力与方向。在场势的引导下，企业组织总能够通过对标而赢得发展，在规模、能力等方面都成长起来，即引起物理形态的变化、发展和成熟。例如，在智能手机技术兴起时，这种场势的作用迅速在手机行业中掀起了风浪：摩托罗拉等老牌企业迅速调整自己，赢得了转型的机会；苹果公司积极开拓，才有了 iPhone 今天的规模和品牌；但诺基亚则把智能机技术当成了竞争阻力，没有积极面对，也就丧失了其在手机行业的霸主地位。

（四）场源升级下的虚拟形态演变模式

当场源持续升级时，其对产业竞争环境的影响也在增大，场势也会增强。随着这种循序和创新性的发展，产业网络的影响力提升，就会有新的产业、新的市场被拓展出来；产业链会进行纵向和横向的延伸、交叉和重构，产业格局也会发生变化。以义乌的小商品产业为例，受人民币升值和金融风暴的影响，义乌小商品外贸出口订单减少，遭遇发展困境。然而，在网络营销的引领下，义乌小商品城积极变革，对其自身进行营销升级。有"世界超市"之称的义乌入驻阿里旗下的 1688 在线产业带，线上商品数变成线下小商品城商品总数的 3 倍。这种在线营销产业带的全新升级模式将传统制造业与网络零售业对接，开创出一种新型的 B2B 服务产业模式，塑造出一种新的产业集群，极大地提升了产业组织的品牌竞争力和市场发展潜力。由线下搬到线上、由个体聚为集群，场源升级为其产业影响力提升和产业组织经营模式变迁起到了重要的促进作用。

（五）场力作用下的虚拟形态演变模式

在场力尤其是关系场力的作用下，产业网络中企业组织之间的协作关系在动态变化,企业组织与产业网络外其他组织的联系也会动态变迁。本来不属于同一产业也不存在协作关系的企业组织,可能因为一些场力(如文化革新、社会转型、技术变革、合作关系重构、价值链重组等)的作用而发生联系,使产业网络的虚拟边界发生变化;一些以前没有关系的企业组织可能会由此开始密切合作;一些机遇因素的把握和竞争优势的赢得,可能会迅速增强企业组织的市场话语权。这都是场力作用对产业网络虚拟形态产生影响的结果,例如,小米手机的"饥饿营销模式"拉近了与客户的关系,强化了产品对潜在客户的吸引力,从而有利于其建立品牌影响力[23];物联网技术的迅速发展与应用,促进了智能交通、快速物流、可追溯现代农业等各个产业的联动式发展,强化了产业间的技术与经济关联;社会网和互联网的结合构成了当前的网络舆情系统,让人、事与信息都快速地关联和互动起来,扩大了信息的影响范围,人与人之间的社会关系网络由此演化,向虚拟形态升级。

(六)场势引导下的虚拟形态演变模式

场势对虚拟形态的产业网络影响更剧烈。因为物理形态的产业网络受到物理边界和长期固定关系的影响,当场势发生作用时,很难出现及时的调整,往往存在时滞;然而对于虚拟形态的产业网络而言,在场势的引导下,场力的大小、方向、作用点等都可以随时做出改变。如果场势带来的是巨大的压力,那么产业网络就可以调整关系场力,让场力线绕开阻力,对产业网络的虚拟形态进行变革;如果场势带来的是吸引力和发展机会,那么产业网络就可以迅速拓展新的关系,加强场力的作用范围,让产业网络的虚拟形态迅速扩张。例如,当国家提出大力发展战略性新兴产业时,就形成了一定的势的引导,给了战略性新兴产业发展的机会,由此全国各省份都快速建立起了战略性新兴产业及其聚集区,战略性新兴产业对社会、经济、文化和传统产业都形成了影响力;而与此同时,无法对接新兴技术发展,不能纳入战略性新兴产业的传统产业则面临产业价值链重组与市场的洗牌,产业网络合作关系有待重构和升级[24]。

事实上，可以对上述6种模式进行归纳：产业网络物理形态的演化，主要是对传统产业进行了转型调整，促进了传统产业升级；而产业网络虚拟形态的演化，则主要是对产业的作用范围和价值链进行了延伸，拓宽到新的领域，甚至引导产生了新的产业，即培育了新兴产业。因此，产业网络的场态效应对传统产业升级和新兴产业培育均有重要的影响，在产业经济可持续发展中起到了重要的作用。

四、场态效应作用下的传统产业升级模式

根据 Kaplinsky 和 Morris（2001）的分析，传统产业升级主要有过程升级、产品升级、功能升级和链的升级[25]四种类型。过程升级是指通过改善物流和生产过程，提高效率，降低成本，实现价值增值能力提升；产品升级是指通过创新和研发为客户提供新产品和新服务，从而扩大市场份额，提高客户满意度；功能升级是指通过价值链中位置的优化调整，让企业在价值链中处于更有优势的地位，置身高端价值链；链的升级是指转移向更具高附加值的新兴产业链，实现传统产业向新兴产业的转型，谋求新兴产业的高收益率[3]。产业网络的场态效应对这四种类型的产业升级均起到促进作用。

（一）场态效应促进传统产业过程升级

产业网络场中的关系场力对传统产业的过程升级具有促进作用。在关系场力的作用下，企业组织能够与其他组织（政府、产业协会、供应商、渠道商、物流服务商、合作者、客户等）产生联系乃至合作关系，从而在要素资源的获得、运输与配置，以及生产过程的优化和营销手段的有效实施等方面都带来新的机会。组织的内外部物流与要

素管理都能够提高效率，生产制造能够实现更高水平的价值增值，营销层面客户能够有更高的覆盖率、满意度和忠诚度，这都是对传统产业的过程改造与升级。同时，能力场力的作用则是过程升级能够顺利完成的保证；也只有在较强的要素配置力和较高的制造技术水平支持下，依靠生产过程的升级来提高效率才更具有可行性和必要性。流程重组、企业再造、协同制造等方式都是场态效应下传统产业过程升级的有效方式。

（二）场态效应促进传统产业产品升级

产业网络场的存在有利于传统产业的技术创新与新产品开发，从而促进产品升级。主要体现在三个方面：其一，产业网络场的作用使信息、知识与技术等技术创新所必需的要素资源能够迅速获取与积累，技术创新人员也能较好地进行知识交流与学习，从而极大地提高科技创新能力与效率；其二，产业网络场的作用有利于建立起网络内组织之间的协同创新与合作研发关系，联合产品开发能有效地缩短周期、提高效率，加速新产品推出和现有产品的更新换代；其三，产业网络场的作用使共性技术有了极大的用武之地，很多产业都能从新兴共性技术的研发与应用中受益，从而低成本地完成产品升级。在场力和场势的作用下，企业组织只有不断地技术创新和产品改良，才能维持与客户、合作者之间的关系，才能保持动态竞争环境下的持续竞争优势。例如，现在电子行业产品的持续更新换代与升级正是产业网络中场力和场势使得竞争加剧的结果，如果电子产品制造商不能及时进行产品升级，则其生产力、生产关系都难以持续，就可能面临被淘汰的结局。

（三）场态效应促进传统产业功能升级

在场力作用下，产业网络中的企业组织更加趋向于两极化发展：一方面，企业组织在专业领域的竞争力增强，也只有在专业化分工和发展上才能建立起核心竞争力，跨越产业链上下游环节的企业组织越来越少；另一方面，企业组织与外部其他组织的合作关系越来越紧密，分工、协作、外包等成为产业经济的主要经营模式。甚至有很多企业，为了在价值链的首末高端附加值位置获得竞争力，主动放弃中断位置已有的经营基础。但此时它们又需要建立起产业网络中的合作关系，依靠专业分工与相互服务来完成产品生产和服务提供。场态效应的外在效果体现——生产力的提升和生产关系的优化，是产业链分工与协作关系建立的基础。也正是由于生产力提升与生产关系优化的兼得，使传统产业能够在全球经济环境下有选择价值链位置的能力，使传统产业能够在价值链位置上因为定位决策而实现功能升级。

（四）场态效应促进传统产业链的升级

现有的产业网络是传统产业与新兴产业并存且协同竞合的网络形态。传统产业具有产业链宽且价值链相对稳定的优势，而新兴产业则在于技术、市场等各方面具有领先优势，形成对传统产业的势差，对传统产业带来压力与冲击。在产业网络场力和场势中，传统产业面临着两方面力的作用：其一，新兴产业与其竞争时，它所面临的压力；其二，新兴技术的发展为其带来的新机遇，有着转型调整的吸引力。在两股力量的作用下，如果压力过大，传统产业的价值增值空间将被新兴产业挤榨，生存发展更加困难，产业链萎缩，产业竞争力下降，最终面临淘汰或被新兴产业兼并的结局，此时意味着传统产业链的升级失败；但如果传统产业能够抵住这种压力，并在新兴技术的吸引力下主动地进行调整，就能与新兴产业形成协同与合力，提高传统产业的竞争力，在价值链上向新兴产业靠拢，此时传统产业链的升级成功，传统产业链转型升级为新兴产业链。场态作用下传统产业链的升级过程如图5.4所示。

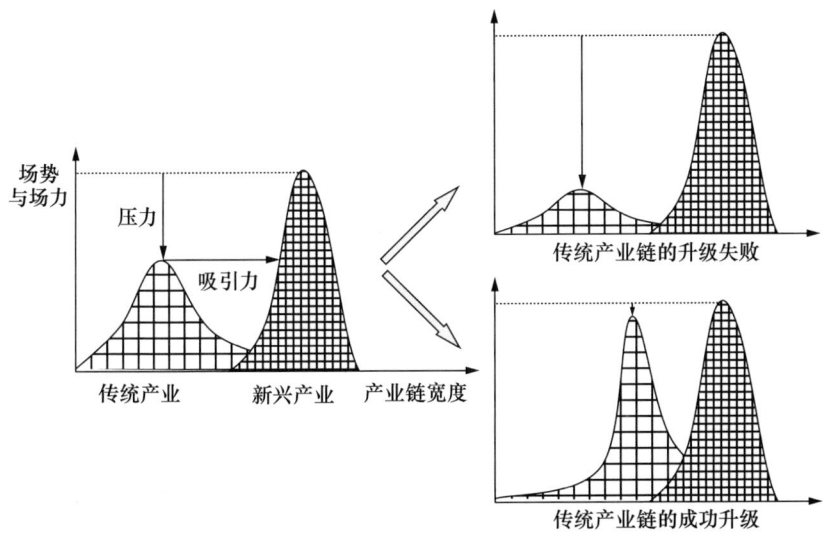

图 5.4　场态作用下传统产业链的升级过程

五、场态效应作用下的新兴产业培育模式

在场态效应作用下，会带来产业网络组织生产力的提升和生产关系的优化两个方面参数的变化。参照波特的竞争优势理论，生产力的提升表现为两个方面：其一，新兴技术的应用、生产效率的提升所带来的低成本优势；其二，新兴技术产品功能的开发和新型服务模式的提供所带来的产品差异化优势。从生产关系优化方面来看，可分为产业网络内生产关系的优化和产业网络间新型生产关系的衍生与优化。这四个方面的改进都能使传统产业升级，也能衍生出新的产业，对新兴产业的培育与发展起到支持作用。场态效应作用下新兴产业培育的四种模式如图 5.5 所示。

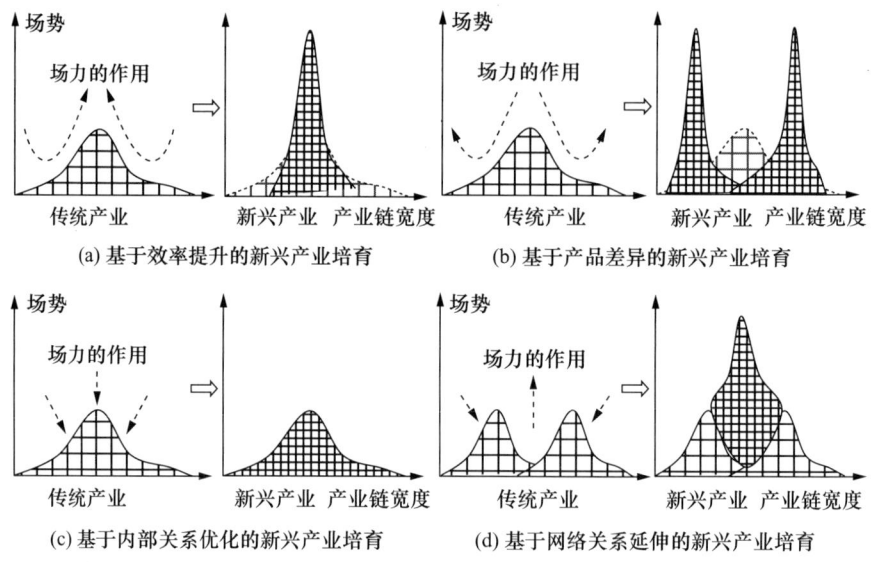

图 5.5 场态效应作用下新兴产业培育的四种模式

（一）基于效率提升的新兴产业培育

由于技术场、能力场等场力的作用，使部分传统产业中开始因技术变革和新兴技术的应用而大大地提高了生产力（效率）。如图 5.5（a）所示，这种效率提升的效果就不仅使企业组织能够为更多的潜在新客户提供产品与服务，占据新兴市场，而且能利用这种相对竞争优势，提升其在产业链中的位势。由此，在传统产业的成长与孕育中，就逐渐衍生出新兴产业：这个新兴产业与传统产业的差异在于，不仅技术与能力是全新的，在市场和客户等方面也有了新的发展空间。例如，在传统农业中应用物联网的传感技术、追溯技术等新兴技术，不仅实现了农产品生产过程中质量的智能控制，还能在运输与销售过程中进行产品追踪与原产地追溯，将传统农业向现代新兴农业转变。

（二）基于产品差异的新兴产业培育

在传统产业发展过程中会遭遇来自技术、市场、文化、理念等各方面的冲击与变革，从而使产业链出现分化、市场和客户出现细分；然后产业链的价值实现环节出现分离，变为两个或多个价值点；当这些价值增长点逐渐完善和成熟时，就壮大成一个个新兴产业，如图5.5（b）所示。例如，由于智能机技术的应用，智能手机行业从传统的手机制造业中分离出来，变为一个具有巨大前景的新兴产业；随着3D、动漫、数字、软件等新兴技术的广泛应用，逐渐从传统的文化娱乐业中细分出一条新的产业链，形成了文化创意产业；事实上，以阿里巴巴为代表的网上零售业也是由于电子商务智能技术在传统零售业的应用基础上才开发细分出来的。

（三）基于内部关系优化的新兴产业培育

在传统产业基础上，可能会由于文化、组织、协作等关系而对产业的组织经营模式产生变革，由此在生产关系上发生变化，使传统产业能够适应新兴经济的发展，具有新兴产业的特征，如图5.5（c）所示。在国家提出的七大战略性新兴产业中，其实生物医药、航空航天、海洋工程、通信技术等一些产业都是在传统产业基础上采用新兴技术或进行新兴组织管理模式变革而提出来的。尤其在一些具有重工业基础的省份（如黑龙江、吉林、辽宁、重庆、四川等），其新兴产业的培育基本都要依赖传统产业的发展基础。以江西省为例，在十大战略性新兴产业中，航空产业基本就是传统航空制造业的底子，绿色食品产业是传统意义上农产品加工业和新兴食品加工技术的结合。在江西省委的政策安排与引导下，对传统的商业文化、民俗文化、戏曲文化、宗教文化和饮食文化进行整合，对传统的旅游文化业、教育产业、科研事业和广播影视业等进行产业链资源重组，就形成了以一批跨行业、战略投资力强的文化产业集团为主体的创意文化产业链，以新兴产业集群的形式进入市场。

(四) 基于网络关系延伸的新兴产业培育

在多个传统产业的衔接处，往往存在市场空隙。这些空隙在传统技术条件下是市场容量小、价值增值力弱、技术可行性差的"鸡肋"产业，几乎很少有企业会在这个位置"立足"。但随着新兴技术的应用，以及产业分工细化和组织协作关系强化，这些以往"不起眼"的空隙市场可能就成为了新兴技术应用的蓝海，在这些几乎没有竞争的领域，新兴技术产业和市场很容易迅速发展起来，并壮大成一个富有高附加值和创新活力的新兴产业，如图5.5（d）所示。例如，租车行业和互联网产业这两个本是完全不搭边的产业，一个是具有完全的传统产业背景，另一个是新兴基础技术的应用背景。然而，当互联网技术延伸到出租车产业时，就有了以滴滴打车为代表的专业服务产业，几年时间就俨然开辟出了一种全新的产业链、客户群体和市场盈利模式。这种基于网络关系延伸的新兴产业培育模式的好处在于，传统企业并没有消失或被取代，而是通过满足新的市场需求来在产业缝隙中寻找新的价值增值点；而且有利于实现传统产业之间的衔接与协同，促进传统产业的新型发展。

六、本章小结

面对世界主要国家提出第四代工业革命和我国提出"中国制造2025"的新形势，传统产业转型升级和新兴产业培育不仅成为我国应对全球产业经济变革的手段，更是我国未来工业经济可持续发展和产业安全的保障。全球经济一体化使产业经济在地理区域、资源能力、技术创新、市场占据等各方面均出现了明显的分工协作加剧和产业集聚特征。未来的产业竞争不是企业与企业之间的竞争，而是产业集群与产业集群的竞争。产业集群网络的演化升级成为产业经济竞争力的制高点。

本章从场理论的视角研究产业网络，并提出了产业网络场、场态特征和场态效应等概念，赋予了研究产业网络的演化一个全新的视域。本章对场态效应作用下产业网络的演化机理、传统产业升级模式和新兴产业培育模式的研究，对于我国促进传统产业和新兴产业的协同和集群式发展具有重要的理论参考价值。从场力和场势的方向思考如何引导我国产业网络的形成、演化与发展，制定和优化我国新兴产业培育与发展的政策，是一个科学的发展方向。当然，本章在缺乏实证或案例分析的技术支持、理论缺乏验证等方面还存在一些不足，未来将进一步对产业网络演化的场理论方向进行深入研究，并结合案例和数据进行实证探索。

本章参考文献

［1］李亚杰. 基于复杂网络理论的产业网络研究［D］. 杭州：浙江工商大学硕士学位论文，2011.

［2］张宇，蔡秀玲. 产业集群的网络特性与地方产业网络升级［J］. 科技与经济，2006，19(4)：33－37.

［3］文嫮，曾刚. 全球价值链治理与地方产业网络升级研究——以上海浦东集成电路产业网络为例［J］. 中国工业经济，2005(7)：20－27.

［4］张丹宁，唐晓华. 产业网络组织及其分类研究［J］. 中国工业经济，2008(2)：57－65.

［5］Lars－Erik Gadde, Lars Huemer. Strategizing in industrial networks［J］. Industrial Marketing Management，2003，32(5)：357－364.

［6］André Tischer, Emilia Den Boer, Ian Williams, Tony Curran. Industrial network design by improving construction logistics［J］. Proceedings of Institution of Civil Engineers：Waste and Resource Management，2014，167(2)：82－94.

［7］Nahman J, Salamon D, Stojković Z, Mikulović J. Rationalization of operation of an industrial network［J］. Electric Power Systems Research，2008，

78(10): 1664-1671.

[8] Hakansson Hakan. Technological collaboration in industrial networks[J]. European Management Journal, 1990, 8(3): 371-379.

[9] Izushi Hiro. Conflict between two industrial networks: Technological adaption and inter-firm relationships in the ceramics industry in Seto Japan[J]. Regional Studies, 1997, 31(2): 117-129.

[10] Lin Hsin-Mei, Chen Homin, Sher Peter J, Mei Hsiao-Chen. Inter-network co-evolution: Reversing the fortunes of declining industrial networks[J]. Long Range Planning, 2010, 43(5/6): 611-638.

[11] 罗一鸣, 毛力平. 产业网络的CAS模型[J]. 商场现代化, 2006(3): 98.

[12] 李守伟, 钱省三. 产业网络的复杂性研究与实证[J]. 科学学研究, 2006, 24(4): 529-533.

[13] 文娉. 嵌入全球价值链的中国地方产业网络升级机制的理论与实践研究[D]. 上海: 华东师范大学博士学位论文, 2005.

[14] Christer Karlsson. The development of industrial networks[J]. International Journal of Operations & Production Management, 2003, 23(1): 44-61.

[15] 刘希宋, 喻登科. 知识场与知识型组织的演化[J]. 情报杂志, 2008, 27(3): 46-49.

[16] 王国红, 邢蕊, 唐丽艳. 基于知识场的产业集成创新研究[J]. 中国软科学, 2010(9): 96-107.

[17] Hakansson Hakan. Evolution process in industrial networks[A]. B. Axelsson and G. Easton. Industiral networks: A new view of reality[C]. London: Roultedge, 1992.

[18] Hakansson Hakan, Snehota, I. Developing relationships in business networks[M]. London: Routledge, 1995.

[19] Welch Catherine, Ian F Wilkinson. From AAR to AARI? Incorporating idea logics into network theory[C]. IMP2000 Conference, University of

Bath, September 2000.

[20] 罗润东. 政治经济学 [M]. 北京: 清华大学出版社, 2014.

[21] 朱华晟, 吴骏毅, 魏佳丽, 李伟, 付晶. 发达地区创意产业网络的驱动机理与创新影响——以上海创意设计业为例 [J]. 地理学报, 2010, 65(10): 1241-1252.

[22] 吴洁. 戴尔在中国的直销模式转型研究 [D]. 厦门: 厦门大学硕士学位论文, 2009.

[23] 张学高. 浅析小米手机的饥饿营销 [J]. 江苏商论, 2013(2): 40-41.

[24] 王宇, 刘志彪. 补贴方式与均衡发展: 战略性新兴产业成长与传统产业调整 [J]. 中国工业经济, 2013(8): 57-69.

[25] Kaplinsky R, Morris M. A handbook for value chain research [M]. Prepared for the IDRC, 2001.

第六章 "互联网+"背景下的全要素网络及产业集群生成机理与模式

波特的价值链合作竞争理论认为,现代经济中企业与企业之间的竞争已不再是某个环节的竞争,而是整条价值链的竞争和产业集群网络之间的竞争[1]。产业集群已成为拉动经济增长的重要力量,受到国内外学者的广泛关注[2-4],许多国家和地区都把发展产业集群作为促进经济发展的一种重要政策手段[5]。在我国,产业集群也对经济持续高速增长起到了重要的支撑作用。工信部中小企业局对29个省区市的不完全统计显示,2014年,我国销售收入超过20亿元的产业集群就有2530个,入驻企业数高达94.68万家。但是,我国产业集群普遍存在缺乏统一规划、重复建设、创新不足、结构趋同、缺乏集聚效应等"集而不群"问题[6]。培育新兴产业集群、推动传统产业集群转型升级迫在眉睫,是我国产业结构中高端化的关键路径[7],对于提高经济发展质量和效益具有战略意义。

2012年11月,易观国际董事长兼CEO于扬在第五届移动互联网博览会上首次提出"互联网+"理念。2015年3月,十二届全国人大三次会议上,李克强总理在政府工作报告中首次提出"互联网+"行动计划。2015年7月,经李克强总理签批,国务院印发了《关于积极推进"互联网+"行动的指导意见》。"互联网+"理念以一种迅猛的发展态势,颠覆着我国产业、商业经济的经营模式,也在重塑着我国经济人的经营理念、价值观与发展观,由此对中国经济的发展路径形成了变革性影响。在这场模式变革中,产业集群成为重要的着力点之一。2015年7月23日,

第六章 "互联网+"背景下的全要素网络及产业集群生成机理与模式

工信部发布《关于进一步促进产业集群发展的指导意见》，明确要求实施"互联网+产业集群"建设行动，建设"智慧集群"。

事实上，在传统的经济模式中，产业集群就已然成为产业经济发展的主要形态。由生产要素网络、技术合作网络、劳动力转移网络等多种网络复合而成的集群网络[8]，能有效地支撑产业集群内的资源共享与能力协同，从而为集群内的企业组织带来新的竞争优势来源[8][9]。然而，互联网技术的广泛应用对各种网络都产生了颠覆性影响，不仅拓展了集群网络的经营范围，降低了地理边界对产业集群发展的局限，而且提高了要素共享与能力协同的效率，降低了产业集群内企业之间合作的交易成本。在"互联网+"背景下，互联网已不再是简单的信息传递工具，而被赋予企业新的能力——产业价值链分解、融合、跨界，由此形成更多、更快的价值创造方式[10]，建构新型的经济生态系统[11]。"互联网+"与产业集群具有天然的耦合性，"互联网+"理念正深刻影响着我国产业经济的发展。

2014年，课题团队于《基于四网融合的产业升级与新型产业培育研究》一文中首次提出四网融合的理念，认为价值网、社会网、物联网与知识网的融合有利于产业集群内各种要素的共享与整合，是产业集群协同效应与竞争优势产生的关键[12]。2016年，团队正式提出了全要素网络的概念，认为全要素网络是一个将经济区域范围内所有产业、所有经济组织所需要的全部生产要素，包括人力资本、社会资本、物质资本和知识资本，都容纳在内的网络系统，它通过统筹规划、管理生产要素来实现产业集群内资源的优化配置和利用，从而协同实现价值增值[13]。之后不久，团队成员再次发文，论证了全要素网络中网络维力的存在性及其对产业变革与新兴产业集群的重要影响[14]。本章研究的重点是，在四网融合与全要素网络理论基础上，明晰"互联网+"环境条件对产业集群全要素网络资源共享功能的重要支撑作用，诠释在"互联网+"背景下全要素网络的运行机制，并融入网络维力的分析框架，探讨"互联网+"背景下产业集群的生成机理与模式，为我国推动传统产业集群升级、新兴产业集群培育提供理论指导。

一、"互联网+"环境条件对产业集群发展的支撑作用

（一）"互联网+"强化了产业集群的虚拟形态，改变了生产关系

格兰诺维特指出：经济行为是嵌入在社会关系中的[15]。马克思也强调：生产力决定生产关系，生产关系对生产力有重大的反作用[16]。"互联网+"发展理念的提出，其重大意义不仅是互联网技术的广泛应用提升了产业生产力，更重要的是形成了全新的生产理念、营销理念，而对传统的经营模式产生了颠覆性的影响。在社会关系层面，依靠互联网的联结作用，产业组织与消费者之间所形成的社会网络有了两个根本性的改变：第一，两者的距离缩短，产业组织与消费者开始实现直接的产品交易对接，节约了大量的产品流通成本，提高流通效率；第二，产业链中由传统的垂直网络关系（制造商、经销商、零售商、消费者）向扁平网络关系（制造商群体、消费者群体）转变，让产业组织与消费者的交易关系演变为选择权更大的多对多关系。在产业集群内部关系方面，"互联网+"的影响主要体现在：第一，基于互联网的泛在计算技术可以节约信息搜索、决策制定的成本，在削弱信息不对称的基础上加强组织间信任，进而在信任的基础上建立动态竞争合作关系；第二，依靠"互联网+"能促进集群内的知识共享与技术扩散，为组织创新创造条件，提高集群整体的创新能力；第三，突破传统产业集群的地域制约，让产业集群的边界得以扩大化与虚拟化，同时还增强了产业集群的弹性与适应性，提高产业集群对未知环境变化的适应能力与免疫能力。事实上，也正是因为"互联网+"对生产关系

的影响，改变了产业集群内部企业组织之间、产业集群外部企业组织与消费者之间的关系网络，才形成了当前各种基于互联网的新兴经营模式。这些新兴模式对传统经济正在形成一种对抗，而对抗的结果必然是：新兴经济主导大部分消费市场，部分传统经济进行基于互联网技术的改造，变为新兴经济的一部分，另一部分传统经济则退守目前互联网技术无法产生重大影响的消费领域。这种对生产关系与经营模式进行重塑与再造的力量，远远要比互联网技术本身带来的效率提升产生的作用更大，也更持久和深远。

（二）"互联网+"强化了顾客导向的经营理念，重塑了产业价值链

互联网使价值创造的载体由价值链转变为价值商店与价值网络[17]。传统的价值链思维不再适用于分析企业的商业模式[18]，基于范围经济理论的价值网是对价值链的颠覆性超越。在"互联网+"环境条件下，产业组织有条件直接接触到消费者，从而能够更准确地瞄准客户异质化需求，让客户与合作者共同参与，寻求多方共同的价值增值空间[19]。在"互联网+"营造出的价值网络中，企业组织个体的定位已然不重要，也对整个竞争格局起不了太大的作用。在传统经营模式中，细分市场、垄断竞争等各种获得竞争优势的手段可能都会失效。而只有依靠群体的力量（如产业集群）才可能对整个价值网络产生介入性影响。因此，以产业集群为基本单位的竞争模式必将成为未来经济的主体形式，单个企业组织要加强在产业集群中的目标与功能定位，实现其在产业集群中不可替代的节点作用，从而赢得竞争优势。此外，在"互联网+"环境下，社会信息的流转速度加快，也就意味着在信息引导下各种关系瞬息万变，产业集群正在经历着持续的动态演化。在演化过程中，企业与企业之间的协同、产业与产业之间的跨界合作便促成了产业集群的生成、迭代、升级、淘汰等。这种由"互联网+"所主导的产业集群动态演化机制，如果加以引导，便能使其有利于新兴产业集群的创生与传统产业集群的转型升级。

（三）"互联网+"提高了产业集群内的要素流转效率与共享能力，创造了新的协作模式

互联网技术的深刻应用不再局限在信息相连的虚拟领域，而开始有了物物相连的思想。由此，物联网技术应运而生。物联网是通过射频识别等信息传感设备，把物品与互联网相连，以实现智能化识别以及信息交互共享的一种网络。物联网技术使人与物、物与物之间的相互连接突破时空的限制，实现要素资源的动态聚合。如今，物联网技术被应用于产业经济发展的方方面面，主要包括：其一，物联网实现了物物相连，并进而在泛在计算技术的辅助下，实现物质资源的优化配置，提高物质资源的共享与利用效率。其二，物联网改变了传统产业集群中部分企业组织的分工与协作模式，催生了一些专门为产业集群要素共享与能力协作为提供专业服务的企业组织，也催生了一些专门依靠租用其他企业组织的要素与能力的企业组织，由此，设备外包、资源外包、业务外包等协作模式变得更为普遍。其三，物联网技术应用使以"地理集中"为特征的传统产业集群呈现出密集化与虚拟化的双重趋势[20]。即一方面产业集群内的要素整合与协作能力迅速提升与优化，另一方面产业集群的边际交易成本在降低，而规模效应在提升，因此使产业集群能在原有规模基础上进行扩张。而在不同产业集群的相互扩张、渗透与重组的过程中，更多的新兴协作模式与产业集群又会出现，带动产业经济的繁荣与发展。

（四）"互联网+"让泛在知识环境建设成为可能，促进产业集群内的知识与要素共享

知识经济时代，知识资本取代原有稀缺资源成为最核心的生产要素，是企业组织持续竞争优势的重要来源。知识经济的发展将在知识环境中完成。2003年，美国国家科学基金委首次提出了泛在知识环境的概念，认为它是一个促进知识普遍存取、共享、发现和创造的无所不在的知识环境[21]。在泛在知识环境下，泛在计算技术将使知识网络无处不在，在知识

共享关系的促进下,生产要素资源配置和能力协作的效率将极大提升,客户关系、企业关系等生产关系将因为生产力的提升而跟着发生改变。由此,以区域经济、产业集群为代表的群体经济,将在生产力与生产关系的循环进化过程中塑形成更具效率的网络,带来产业网络、价值网络层面新的价值增值空间。在互联网技术实现对传统产业的嵌入性革命之前,泛在知识环境只是以一种理想化形态而存在;然而,"互联网+"理念的提出加速了产业经济中泛在知识环境条件与技术的成熟,有利于泛在知识环境的建设与功能完善。在"互联网+"环境条件下,泛在通信、泛在学习、泛在计算才得以真正实现,在元知识"泛在化"的影响下,不仅具有价值性的工具知识、具有黏滞性的隐性知识能够广泛共享,甚至能用元知识表征的物质资源、价值资源、土地资源、劳动力资源等都实现流转与共享,从而促进产业集群的全要素共享,提高要素整合能力与利用效率,最终提升价值增值能力。

二、"互联网+"背景下产业集群全要素网络及其运行机制

根据研究团队已发表成果的界定,全要素网络是由价值网络、社会网络、物联网络和知识网络复合而成,为产业集群进行金融资本、社会资本、物质资本、知识资本等生产要素的优化配置提供存储载体与流转媒介的动态网络。全要素网络既是产业集群存在的必要性前提,也是产业集聚功能发挥的关键,还是产业集群的组织本质。产业集群中创造价值的资源整合与能力协同要依靠全要素网络来驱动与调节。然而,全要素网络只是从经济与管理视角所提出的一种虚拟网络,并不具有实质的形态与功能,全要素网络的功能形成还有赖于信息平台的建成与完善。

从形态上升到物质,全要素网络从本质上来说就是"工业4.0"中的信息物理系统[22]。它是四网深度融合基础上依靠互联网技术整合而成的一体化网络结构,是对生产要素赋予知识标签并依赖知识标签进行泛在知识计算由此进一步促进生产要素的优化配置与整合利用的虚拟管理平台。在技术层面,全要素网络以互联网为依托,对产业集群中的人力资本、金融资本、社会资本、物质资本、知识资本等生产要素资源进行统一调配与协同管理,实现理想中的生产要素在全产业集群中的优化配置。通过互联网平台的支持,产业集群中的生产要素资源实现了虚拟与现实形态的同步映射,即知识标签的属性改变与生产要素的流转使用同步。当现实世界与虚拟世界重合时,就意味着现实的生产经营系统能够实现虚拟系统中的最优目标,从而最大限度地实现价值增值。

由此可知,产业集群中的全要素网络事实上是一个三层次四维度复合系统。三层次,是指全要素网络包括虚拟形态层次、技术功能层次和物质形态层次:其中,虚拟形态层次由知识标签构成,是理论意义上的要素网络体系;技术功能层次由互联网技术支撑,是驱动产业集群全要素在虚拟形态与现实形态之间同步映射的中间层,是全要素网络实现要素整合与协同的功能体;物质形态层次是产业集群物质与经济形态的模式体现,是各种生产要素资源的存在、流转的属性与状态。四维度是指全要素网络包括价值网络、社会网络、物联网络和知识网络四种基础要素网络,通过四种网络之间的纵横交错关系,实现生产要素在产业集群内跨企业之间的高效融合。产业集群全要素网络三层次之间是一种映射关系,而中间层——互联网的作用,在映射关系的建立上起着重要作用。产业集群全要素网络的运行机制(见图6.1)可以总结为:两级映射、三层联动、四网融合。

(一) 两级映射

两级映射,包括虚拟形态层次向技术功能层次的映射,以及技术功能层次向物质形态层次的映射。

1. 虚拟形态层次向技术功能层次的映射

这一映射关系是指在产业集群四种要素网络融合的基础上,依托互联

第六章 "互联网+"背景下的全要素网络及产业集群生成机理与模式

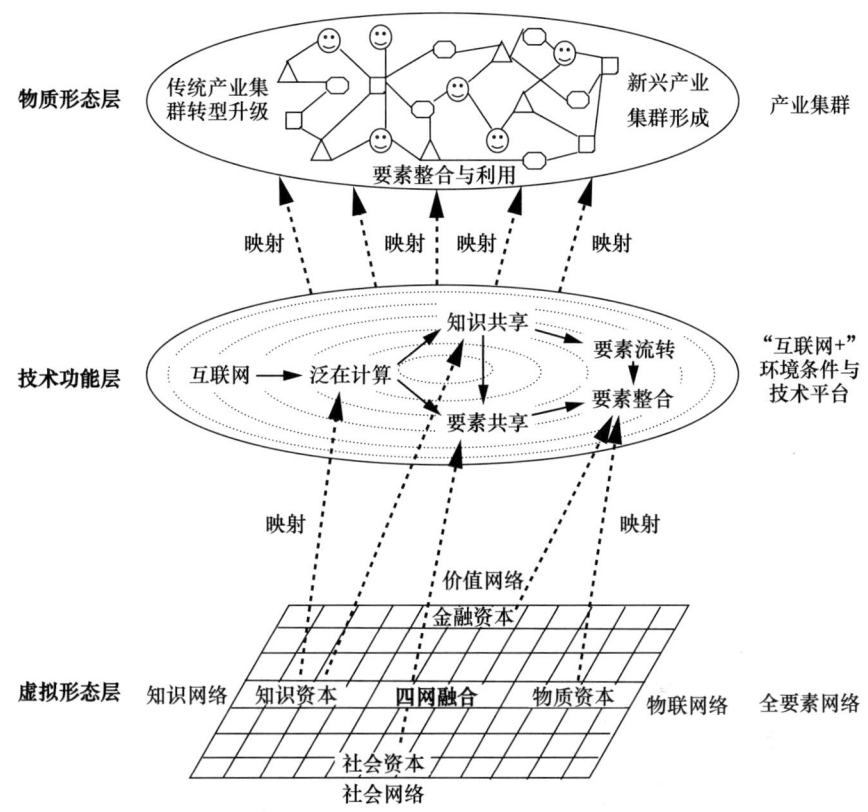

图6.1 产业集群全要素网络的运行机制

网信息平台进行泛在计算,进而在优化方案的基础上实现知识与其他要素资源的共享与协同,由此促进产业集群中企业组织之间的生产要素流转与整合,实现互联网平台对产业集群发展的支撑功能。互联网平台作为产业集群发展的重要环境条件,既是产业集群虚拟形态向现实形态功能转换的桥梁,也是产业集群效应的保障。

2. 技术功能层次向物质形态层次的映射

互联网具有时间泛在、空间泛在、主体泛在等泛在特性,产业集群中的企业组织将具备连接万物的能力,产生连接红利[23]。技术功能层次向物质形态层次的映射,本质上就是以互联网平台为载体,在全要素网络作用

141

下，将要素资源的优化配置解决方案映射到产业集群的运营环节，在知识计算与信息技术辅助下实现要素资源的动态匹配、共享整合、优化配置与高效利用。依靠互联网的要素整合与能力协同功能，产业集群可以形成全新的生态系统来创造价值。这种"互联网+"环境下的产业生态系统主要有两个方面的新功能：一方面，产业经营主体将直面大量的分散客户，了解其异质性需求，并在更多样化需求分类的基础上依赖互联网技术进行泛在计算，形成快速响应方案，然而再迅速地组织产品设计与生产，满足客户的特殊需求。在异质性需求的驱动下，产业集群中的生产安排总是动态变化的，而这也就要求生产要素也是动态组织的。任何企业组织都不可能依靠自身的力量囤积要素资源或客户资源来实现规模经营，而规模经济的实现可能要依赖异质性的小规模经济或范围经济来实现。在互联网平台实施采购、制造、服务全流程实时数据化，建立产业集群内企业组织间的动态生产协作体系，以大规模定制满足市场长尾需求，是互联网经济的新型模式。另一方面，在互联网平台上，企业组织与顾客可实时交互，关注顾客对于新技术的适应性、对新产品的体验，主动将顾客创意引入产品设计以促进创新要素的激发与集聚，为产业集群的协同创新提供智力支持，形成一种自下而上的开放式众包创新模式，不断为顾客提升感知价值。在这两个方面的功能展开过程中，能实现产业集群发展的双重目标：一方面，依靠互联网经营理念对传统产业集群进行转型改造，促进产业集群的升级；另一方面，依赖众包创新，不断形成新的产品体系与经营模式，从而催生新兴产业集群。

（二）三层联动

三层联动是指全要素网络的虚拟形态层、技术功能层和物质形态层之间的一种无时滞、无差异转换状态。三层联动主要体现在两条路径上：其一，当产业集群全要素网络的虚拟形态发生变化时，必然会通过互联网平台适时生成要素整合与协同利用的解决方案，而这一方案在全要素网络的支撑作用下能够迅速、高效、高质地被执行，由此动态生成新型协作模式，推动要素整合与协同生产，改变全要素网络的物质形态；其二，当产业集群全要素网络的物质形态发生变化（如部分生产要素被占用、消耗、转化）时，互联网平台能利用物联网技术（如无线射频与局域网技术）适时收集相关数据信息，由此及时调整生产要素对应知识标签的属性，即改变全要素网络的虚拟形态。在三层联动状态下，产业集群的全要素网络能够在虚拟形态与物质形态间相互映照，从而同时保证要素整合与协作方案的有效生成与执行。反之，如果全要素网络的三个层次之间无法联动则意味着要素整合与协作方案没法科学地生成，即使生成，也可能因为网络能力无法跟上而造成执行困难。

（三）四网融合

四网融合相关理念在《基于四网融合的产业升级与新型产业培育研究》[12]和《全要素网络维力、产业变革与新兴产业集群形成》[14]等论文中，已经被课题团队反复强调，在此不再赘述。但是，需要特别指出的是，在"互联网＋"环境背景下，四网融合能够更具深度、更高水平的实现。互联网技术应用对四网融合的具体促进作用包括：①互联网平台能促进企业组织与顾客群体的泛在连接，使企业得以将碎片化的长尾市场需求聚拢起来，充分利用顾客的认知盈余，通过用户体验引导顾客积极参与价值创造过程，甚至成为价值创造的主体，满足顾客的创造需求，实现企业与顾客共创、共享价值，彻底改造产业集群的价值网络系统；②互联网平台使得企业与顾客间形成松散网状关系结构，可以依托情感与信任来提升顾客感知价值，提升产业集群的社会资本；产业集群将依托物联网技术和互联网信息技术，打破企业边界、产业边界，跨地域虚拟整合、快速灵活地聚集要素资源，极大地提高要素资源的流转能力与使用效率，形成产业集群内的要素资源共享体系，提升集群整体竞争实力；③互联网可以实现设计、预算、采购、制造、营销、服务的全流程实时数据化[7]，通过大数据分析，企业能够精准定位顾客群、及时了解顾客需求信息，进而通过知识共享产业价值链不同环节能够快速解构、融合、跨界形成新的生态系统，打造新的价值网络。

综上所述，互联网平台的显性作用是提供企业之间、企业与顾客之间、顾客之间的连接，从而促进产业集群的生成与经济模式的演化；隐性作用则是融合信息、知识，推动泛在计算，从而为全要素网络的要素资源优化配置与协同管理提供信息支持。互联网平台是互联网时代最具价值的异质性资源。互联网平台能实现企业组织与外部环境的泛在连接，以及要素资源的同步调动与匹配，满足稍纵即逝的客户需求。在"互联网＋"背景下，组织能有效利用全要素网络管理框架，不断发现和创造价值增值机会，并通过要素资源的有效组合利用，实现产业集群中的最大化价值增值。

三、"互联网＋"背景下基于全要素网络的产业集群生成机理

在全要素网络的作用下，传统的以供给为导向的价值链管理将丧失竞争优势。以需求为导向，以互联网为对接平台，供给与需求相融合的价值网络管理将给企业组织带来持续的竞争优势[24]，也是产业集群创新或者升级的基本路径。

网络维力概念由赵金楼提出[25]，认为未来产业转型发展的重要力量是网络维力作用而促进的管理变革。全要素网络的网络维力及其对新兴产业集群生成的影响机理，在《全要素网络维力、产业变革与新兴产业集群形成》[14]一文中已经完成了初步阐释。在此需要强调的是，"互联网＋"环境条件下，全要素网络的维力（互通力、同步力与群聚力）作用将更为显著，新兴产业集群的生成将更具基础、条件与保障。"互联网＋"背景下基于全要素网络的产业集群生成机理可表述为以下三个方面：

第六章 "互联网+"背景下的全要素网络及产业集群生成机理与模式

（一）全要素网络互通力作用下的资源聚集：产业集群生成的要素基础

在全要素网络作用下，现实经济生态中可供支配的人力资本、社会资本、物质资本、知识资本等要素资源以知识标签的形式映射到虚拟网络。因为互通力的作用，要素资源在企业之间能够互通有无。在"互联网+"背景下，互联网平台积累了大量的数据与信息，在快速知识计算与信息共享技术的支持下，一旦发现新的市场需求或者节约成本的机会，就能够高效匹配要素资源供需信息，现实空间资源同步集聚与协同便是新兴产业集群培育、传统产业升级的基础。值得注意的是，虽然随着物联网技术的普及以地理集中为特征的产业集群特征逐渐弱化，但要发挥要素资源的集聚共享优势就必须在互通力的作用半径范围内，以有形资源聚集为基础的产业集群边界相对较小，以无形资源聚集为基础的产业集群边界较为模糊。

（二）全要素网络同步力作用下的协同感知：产业集群生成的瞬时优势

全要素网络同步力的作用使信息能够在瞬间传播，企业组织可以从网络中快速获取所需的互补性资源，及时组织生产销售或者提供顾客服务，生产或服务效率随即提高。互联网时代，在信息不对称减少的同时，环境不确定性不断提高，单个优势持续的时间越来越短，企业需整合多个"瞬时优势"，令它们相互协同、有序更迭，在整体上形成流动性竞争优势。在"互联网+"背景下，在全要素网络同步力的作用下，对于客户需求信息的变化能够快速响应，企业组织间资源组合快速化、多样化，达到"瞬时优势"的有序整合，即根据需要持续地进行要素组合与产业重构，有利于资源共享、专业协作、价值协同，使新兴产业集群、传统产业集群同步联动参与到产业网络协作中，提高资源的价值增值能力、保持竞争优势。

（三）全要素网络群聚力作用下的泛在聚合：产业集群生成的价值重构

互联网时代是一个宣扬个性极致的时代，企业要想使产品或者服务与众不同，需从两方面入手，一方面是了解顾客需求，另一方面是进行持续创新。在"互联网+"背景下，互联网平台沉淀了充足的消费诉求、需求信息、消费习惯和消费偏好等隐性知识，经过知识计算发现市场机会，在全要素网络群聚力作用下，企业间能力有效耦合，发挥知识聚合与溢出效应，要素资源瞬间完成组合以实现价值创造、成本节约；互联网平台强调个性、突出偏好，在产品设计、制造、包装、销售等环节都有顾客体验，在顾客与企业交互过程中贡献知识、参与创造，形成企业与顾客共同创造、共享价值的开放式创新生态系统，企业之间在产品设计、制造等流程通过要素资源的动态聚散实现大规模个性化定制。企业间能力耦合、要素资源动态组合优化便是新兴产业集群生成、传统产业升级的过程，实现价值重构。

四、"互联网+"背景下基于全要素网络的产业集群生成模式

在"互联网+"背景下，以互联网平台为载体，通过全要素网络的互通力、同步力以及群聚力达到资源聚集、协同感知和价值重构，即产业集群生成机理，实现供给—需求管理。然而，因价值主张、战略选择、资源环境等方面的差异，依托互联网平台，集群发展会出现两种阶段性模式：面向供给端，经互通力整合资源，企业之间实现战略协同的供给导向型产业集群生成模式；面向需求端，以同步力聚集需求、发现价值增值机会，

顾客与企业之间实现价值协同的需求导向型产业集群生成模式。最终,面向供给—需求端,用群聚力耦合企业能力与市场需求,实现资源、能力动态匹配的供给—需求融合型产业集群生成模式。

(一) 基于全要素网络互通力的供给导向型产业集群生成模式

在经济全球化、互联网化背景下,价值链不断分解,产业分工更专业化。面对不断变化的市场环境,企业间以自身所具备的资源与能力进行战略合作,实现规模经济或者技术、产品创新。在"互联网+"背景下,在产品研发、设计、运营等价值节点都可能出现互联网平台,通过资源能力互补或者平台聚集的市场需求、知识体系开展协同创新、规模经营。在研发阶段,如有"中国钛谷"美誉的宝鸡市钛及钛合金产业集群具有先进的钛材料研发与生产水平。在集群发展过程中,为了克服大企业才具备的产学研线性合作创新模式的不足,创建了以创新服务平台为支撑,以大学、企业、科研院所为创新主体,集科技中介机构、行业协会、政府于一体的创新网络,利用产业集群协同创新汇聚合力满足创新需求,充分发挥创新效应,促进产业集群的发展。在运营阶段,如在线营销使产品、服务脱离现实空间的束缚,可谋求全球性的市场规模收益[26]。2015年义乌小商品入驻阿里旗下的1688在线产业带,线上商品数是线下商品数的3倍[14]。传统产业集群在互联网技术下通过动态聚集而逐步转型升级,以B2B、B2C等模式拓展国内外市场,获取规模效益。

(二) 基于全要素网络同步力的需求导向型产业集群生成模式

互联网时代,对企业了解需求量变化、柔性生产或服务能力提出了更高要求。在"互联网+"背景下,企业依托互联网平台集聚的市场需求,以全要素网络的知识网为纽带,同步力使资源能力的快速优化组合,在满足随时可变的市场需求过程中实现产业集群规模经济和范围经济效益。如京东旗下O2O独立全资子公司——京东到家的商品乃至合作商超、服务商、咖啡店、烘焙店等，配送引入众包物流，自身则作为第三方销售平台，依托流量、社会化运力、系统优势，提供"3千米范围"内生鲜、超市产品、鲜花、外卖送餐、上门服务等多品类高频次生活服务项目，并通过移动端定位的京东众包配送员抢单、取货、派送提供2小时内送达的快速物流服务[27]。用户通过APP下单后2小时左右即可享受急速送达体验。京东到家是一个社区O2O平台，以全要素网络同步力作用提供快速送达服务，占据高频生活服务需求入口，提高用户黏性，以实现全品类扩张。合作商家聚集到O2O平台而生成新的产业集群形态。

（三）基于全要素网络聚集力的供给—需求融合型产业集群生成模式

在企业的初创期，由于资源有限或者市场环境的不确定性，会选择从供给端或者需求端开始经营。然而，伴随企业自身实力或者竞争格局嬗变的发展，终将依托互联网平台走向供给与需求的极大融合。在平台上，全要素网络聚集力作用下，供给、需求两端的资源同步汇集、动态适配，产业集群具备快速响应需求变动的能力；顾客还可以直接参与产品或服务的改进、创新过程，提升用户体验，提高集群创新效率以获得竞争优势、满足个性化需求。如小米公司通过在互联网上构建MIUI用户界面，实现公司与手机用户的"零距离"互动，与用户密切讨论，多渠道收集和分析用户的反馈，软件中约80%的问题是用户找到的，还广泛邀请用户参与产品设计，由此快速孵化出顾客社群——"米粉"，起初持续采用饥饿营销策略，从某种程度上来说缓解了供应端资源整合能力不能满足级数增长的市场需求难题[28]。如今，小米逐步致力于分析和计算优化供应方案，聚合资源形成超越时空限制的产业集群，达到供应端、需求端的无缝对接。

第六章 "互联网+"背景下的全要素网络及产业集群生成机理与模式

五、本章小结

面对我国经济持续下行、产能过剩的形势,新兴产业集群培育、传统产业集群转型升级对于供给侧改革具有重要意义。结合产业集群网络本质特征,构建要素网络及其协作关系既是资源能力聚合利用的实现途径,也是产业集群竞争优势的源泉,更是产业结构转型升级的关键。全要素网络则囊括了企业组织经营所需的所有生产要素,是价值网、社会网、物联网、知识网深度融合而成的一个整体。为此,本章研究了"互联网+"背景下全要素网络的运行机制,在此基础上探讨了产业集群生成机理与模式,对于我国产业集群发展具有重要的理论指导意义。本章在案例分析与实证研究方面尚有一些不足,未来将对产业集群全要素网络进行更深入的研究,并对新兴产业集群的生成机理进行更深入的证据研究。

本章参考文献

[1] Michael E Porter. Competitive advantage: Creating and sustaining superior performance [M]. New York: The Free Press, 1985.

[2] 张小蒂,曾可昕. 基于产业链治理的集群外部经济增进研究[J]. 中国工业经济, 2012(10): 148 – 160.

[3] Manuel E, Tomás – Miquel F J, Molina – Morales X. Innovation in clusters: Exploration capacity, networking intensity and external resources [J]. Journal of Organizational Change Management, 2015, 28(1): 26 – 42.

[4] Rehm S V, Goel L. The emergence of boundary clusters in inter – organizational innovation [J]. Information and Organization, 2015, 25(1): 27 – 51.

[5] Felzensztein C, Stringer C, Benson – Rea M, et al. International mar-

keting strategies in industrial clusters: Insights from the southern hemisphere [J]. Journal of Business Research, 2014, 67(5): 837-846.

[6] 赵延东, 张文霞. 集群还是堆积——对地方工业园区建设的反思 [J]. 中国工业经济, 2008(1): 131-138.

[7] 柳洲. "互联网+"与产业集群互联网化升级研究 [J]. 科学学与科学技术管理, 2015, 36(8): 73-82.

[8] 蔡宁, 吴结兵, 殷鸣. 产业集群复杂网络的结构与功能分析 [J]. 经济地理, 2006, 26(3): 378-382.

[9] 周荣, 喻登科. 全要素网络虚实二象性与产业集群生成及演化机理研究 [J]. 科技进步与对策, 2015(21): 1-7.

[10] 赵振. "互联网+"跨界经营: 创新性破坏视角 [J]. 中国工业经济, 2015(10): 146-160.

[11] 吕一博, 蓝清, 韩少杰. 开放式创新生态系统的成长基因 [J]. 中国工业经济, 2015(5): 148-160.

[12] 孙德忠, 周荣, 喻登科. 基于四网融合的产业升级与新兴产业培育研究 [J]. 科技进步与对策, 2014, 31(7): 48-53.

[13] 喻登科, 周荣. 战略性新兴产业集群全要素网络模型及要素共享机制研究 [J]. 科技进步与对策, 2016, 33(3): 50-56.

[14] 喻登科, 周荣. 全要素网络维力、产业变革与新兴产业集群形成 [J]. 科技进步与对策, 2016(4): 52-60.

[15] Granovetter M. Economic action and social structure: The problem of embeddedness [J]. American Journal of Sociology, 1985, 91(3): 481-510.

[16] 卫兴华, 林岗. 马克思主义政治经济学原理 [M]. 北京: 中国人民大学出版社, 2003.

[17] Applegate L, Collura M. Creating e-business value [C]. Building E-Business Online, Boston: HBS Publishing, 2000.

[18] 大卫·波维特. 价值网: 打破供销链、挖掘隐利润 [M]. 钟德强, 胡汉辉译. 北京: 人民邮电出版社, 2001.

[19] 卢泰宏,周懿瑾,何云.价值网研究渊源与聚变效应探析[J].外国经济与管理,2012,34(1):65-73.

[20] 李运强,吴秋明.虚拟产业集群——一种新型的产业集群发展模式[J].华东经济管理,2006,20(12):42-45.

[21] 谢剑敏.泛在知识环境下高校数字图书馆发展的困境与对策[J].情报理论与实践,2015,38(3):45-48.

[22] 乌尔里希·森德勒.工业4.0[M].邓敏,李现民译.北京:机械工业出版社,2014.

[23] 罗珉,李亮宇.互联网时代的商业模式创新:价值创造视角[J].中国工业经济,2015(1):95-107.

[24] Hilletofth P. Demand-supply chain management: Industrial survival recipe for new decade [J]. Industrial Management & Data Systems, 2011(111):184-211.

[25] 赵金楼.基于原本观的网络维力与管理变革研究[D].哈尔滨:哈尔滨工程大学论文,2006.

[26] 韩言虎,罗福周.产业集群协同创新机制:"宝鸡·中国钛谷"的案例研究[J].中国科技论坛,2013(11):16-20.

[27] 岳凌霄.京东到家,O2O的搅局者还是主力军?[J].销售与市场(管理版),2016(3):44-46.

[28] 董洁林,陈娟.无缝开放式创新:基于小米案例探讨互联网生态中的产品创新模式[J].科研管理,2014,35(12):76-84.

第七章 全要素网络、"技农贸一体化"与"互联网+农业"可持续发展

作为一个人口大国,中国对农业发展有着高度的战略依赖性。2016年,我国连续出台了《全国农业现代化规划(2016~2020年)》《粮食行业"十三五"发展规划纲要》《全国农村经济发展"十三五"规划》等众多政策措施与产业规划,体现出我国对农业与农村经济发展的极大重视。在这些政策规划中,农业现代化、农业供给侧改革、智慧农业、"互联网+农业"等概念不断被强调,这一方面意味着我国在农业经济发展中的持续创新与转型升级,另一方面也反映出我国粗放型的传统农业生产经营模式亟须变革,以改造现有的农业生产力与生产关系,谋求农业新经济的可持续发展。

传统农业生产经营问题严峻,主要体现在:其一,技术环节,新兴农业技术未能有效渗透与充分利用,农业科技成果商业化与产业化率低,农户的生产技术仍旧较为原始与经验化;其二,生产环节,农户生产的农产品具有小规模化、非标准化等特征,使大量的农产品较难推向市场;其三,贸易环节,农户很难直接对接市场,即使对接市场也需要经过多级供销渠道,使农户"农产品难寻销路"和城市"农产品价格居高不下"问题并存[1]。解决这些问题,关键在于信息与资源的整合。而互联网与物联网技术因为在信息与资源整合中的高效性,成为我国现代化农业经济发展的重要支撑。"互联网+农业"在技术、生产、贸易等多环节都展现出极大的应用优势。

第七章 全要素网络、"技农贸一体化"与"互联网+农业"可持续发展

我国的"互联网+农业"主要有以下两种运作模式：其一，利用互联网与物联网技术对传统农业生产流程进行改造；其二，利用互联网，开展农村电子商务，优化农产品供应链和促进农产品贸易[2]。然而，遗憾的是，在这两方面开展业务的组织通常是分立的，这就使"互联网+农业"的技术开发与推广、生产经营、销售与贸易等环节无法真正地做到信息与资源整合，影响了"互联网+农业"发展的可持续性。

"互联网+农业"，需要一套更加整合与系统化的运作体系，而支撑该体系的应该是一个功能更加完善的互联网平台。事实上，我国也有一些电商在试图打造农产品的产供销一体化平台，例如，隶属于中华全国供销合作总社的供销e家，就同时开展了技术培训、农资供应与服务提供、农产品配送与交易等业务，致力于打造农产品上行与工业品下行的闭合供应链[3]。然而，这些电商遇到的问题是，未能理顺农业生产中技术、生产与贸易之间的逻辑关系，难以做到不同环节的信息对接与资源整合。换言之，它们未能解析"技农贸一体化"的本质。

在20世纪末，我国兴起了一股探索"技工贸一体化"的浪潮，而在农业领域，对应的概念是"技农贸一体化"[4]。然而，学界在"技农贸一体化"方面的研究文献非常少，研究内容也不够深入。关于"技农贸一体化"的准确含义，至今都未有明确界定，含糊而言就是要推动技术、农业、贸易的协同发展[5]。将"互联网+农业"从技术层面剥离而回归到产业层面，其宏观要义就是要推动技农贸的一体化发展：在利用互联网推动农业信息与生产技术传播、改造农业生产与管理模式、优化农产品供应链的基础上，形成技术推广、农业生产、产品交易的完整体系。

那么，"技农贸一体化"的本质又是什么？"技农贸一体化"，需要在互联网技术环境下实现技术知识网络、生产关系网络、生产资源网络和产业价值网络的优化与融合，而这四种网络的融合状态，有学者称为全要素网络[6][7][8]。因此，实践层面的"技农贸一体化"，在理论层面的机制受农业生产的全要素网络主导。加强农业生产中全要素网络的认知与优化，对于提升我国"技农贸一体化"的效率和促进"互联网+农业"的可持续

发展具有重要意义。由此，本章在构建农业生产中全要素网络模型的基础上，探索基于全要素网络的"技农贸一体化"模式，并进而研究"互联网+农业"的可持续发展路径，为我国打造与健全农业现代化发展体系提供理论参考。

一、农业生产中的全要素网络模型

全要素网络是在知识网、物联网、社会网、价值网四种网络深度融合的基础上整合而成的一体化网络系统，用于支持技术知识、资产设备、人才队伍、金融资本等生产要素资源的流动共享与协同管理[7]。该网络在理论层面是一种生产要素组织关系与协作运营的管理框架，而在实践层面则对应着一个以互联网为支撑的要素调度与生产组织平台[8]。全要素网络理论适合于指导解决生产组织中要素资源分散、生产组织规模小、关系与情境依赖程度高、产业价值链衔接不紧密等问题——这些问题事实上都是农业产业经济系统所切实存在的。尤其是在知识经济环境下，全要素网络能充分发挥知识网在沟通与整合物联网、社会网与价值网等网络资源的优势，依靠信息整合来提高要素组织与利用效率，从而为产业经济发展带来新的运营模式与增长空间。

在农业现代化体系下，农业发展的参与主体主要包括：农业生产资源提供者（农技公司、农机器械供应商、制种公司、农药化肥生产商、农村金融机构等）、农业生产者（个体农户、家庭农场和农业生产公司）、农产品加工与制造者、农产品物流配送与经销者（包括农村电商在内）以及农业政策制定者（各级政府组织）与农村金融机构等[9]。这些主体之间构成了一条从要素组织开始到农产品贸易结束的完整产业链，在这个产业链中，物质形态应从要素到产品再到商品不断进行转变和交接，而价值形态

第七章 全要素网络、"技农贸一体化"与"互联网+农业"可持续发展

则逆向流转,为各主体提供利润来源,满足持续经营与发展的需要。然而,现实情况却是:农业生产资源提供者在信息上无法与农业生产者充分对接,使很多新兴技术、机械、产品都不能被农业生产者广泛采纳;农业生产者因技术不先进或管理不规范等原因,通常会面临规模稍大就愁销路,即使有销路也卖不上高价的困境;农产品加工与制造者、农产品物流配送与经销者有意愿有能力为农产品寻找出路,但却通常疲惫于对农产品进行品质控制和组织规模化生产,而使它们的运作成本居高不下;农业政策制定者按照理论与调研情况进行政策引导,却往往收不到预期的效果,反而让很多农业公司、个人钻了空子——有一批农业公司的盈利不是来自为农业发展提供产品和服务,而是依赖政府的财政补贴与专项资助。总的来说,目前的农业产业链条并不顺畅,上下游主体之间无论是信息还是资源,都没有达到有效的共享与整合,各自为政地进行决策,消耗了农业经济的发展潜力。

将全要素网络理论引入农业现代化体系,可发现农业生产经营系统事实上也是由四种网络复合而成:第一,农村社区的社会关系网络相较于城镇社区要更为丰富,而且农户对关系网络的依赖性也较城市居民更高,因此,社会网络中的社会资本,在农业生产组织中扮演着重要角色;第二,无论是农户还是与农业相关的公司,其生产经营的最终目的均为追求各自的利润最大化,经济利益在不同主体间的流转与增值,是农业经济持续发展的根本动力;第三,在农业生产活动中,也需要大量的农技、农机和农资的投入,而且这些生产资料的供应具有分散化的特点,这就对物联网技术的应用产生了需求;第四,虽然农村地区依靠互联网进行远程和虚拟的信息交流仍旧没有完全普及,但依靠社会网络进行短程、面对面的知识交流却是农民主要的信息沟通渠道,也是很多农民做出相关决策的知识基础。因此,农业生产经营也是一个由全要素网络承载,并通过知识网、社会网和物联网来更好地驱动价值网以此实现价值增值的过程:知识网提供农业生产所需要的人才和技术,社会网为农业生产营造良好的生产关系与环境,物联网为农业生产提供更加有效的要素组织与管理模式,三者共同

为农业价值链的运行提供要素支持。

在农业生产过程中，四种网络之间也存在着联动作用与融合趋势：首先，农户在社会网络情境下，更够更便捷地进行知识共享与物资整合，由此更科学地组织生产和取得收益；其次，当农户与农业公司在价值网中发现机会时，能够有意愿和动力去整合现有的知识与物质资源，从而抓住机会并实现创造价值的初始愿望；再次，物联网技术的应用让农产品的生产与流通环节都更加规范与高效，提高了农产品价值链的增值能力；最后，知识沟通渠道的丰富与知识网络的完善有利于解决农业生产经营中最大的问题，即多主体间信息不对称问题，从而使得农业生产组织更具目标性、协同性与高效性。

然而，目前农业现代化体系中出现的问题却在警示：当前情况下四种网络之间的联动仍旧不顺畅，融合也可能不够深入。这是因为，与工业系统中的全要素网络不同，农业生产系统中的四种网络有着自身的特征与局限性，主要体现在：农业生产系统中的主体——农户与农业公司之间因为身份属性和权利关系的差异，使它们相互之间存在信任危机，而这种薄弱的信任关系使农业生产系统的主体很难用一张社会网络来有效整合；而正因为社会网络中信任危机的存在，再加上不同主体之间存在着的巨大知识势差以及在利润最大化目标下有意识的知识保留态度，农业生产系统中的知识网络也比较难以疏通，知识共享的效率与规模会受到较大限制；虽然随着农业现代化变革的推进，农业公司和新型农民更多地参与农业生产经营，但物联网技术由于成本高和不适于小规模种养等方面的原因，要想在农村地区布局全联通的物联网络，仍旧任重道远；因为地理、人情、经济等各方面的因素，农产品从生产到销售所要经历的产业链条，明显比工业品的产业链条要长，再加上农产品生产规模效应不足和品质规范化程度不高，使农产品价值链上的各环节都难以有高收益，而产业链前端对后端的风险转移以及农户个体在风险控制能力方面的天然缺陷，更使农户的经济效益难以保障。

上述问题提示我们，打造农业生产中的全要素网络体系，首先应该完

第七章 全要素网络、"技农贸一体化"与"互联网+农业"可持续发展

善四种网络，然后才是考虑驱动它们之间相互融合的问题。但是，在完善四种网络的过程中，务须充分考虑它们之间的逻辑关系与作用规律，排定优化次序，以达到最佳的效果。首先，应致力于缩短农产品产业价值链条，提高各环节的效率与利润率，保障各参与主体的经济效益与积极性；其次，在积极性的内驱动力作用下，加强各参与主体之间的联系与协作，完善农村地区的社会网络；再次，以社会网络为载体，通过强化信任、塑造文化、建设激励机制等方面推动全产业链的知识共享与协同创新，健全知识网络；最后，依靠泛在化的知识网络与知识计算，强化物联网技术在农业生产经营中的功能与效力，驱动农业物联网的建设、整合与完善。当然，需要强调的是，在物联网技术应用的条件下，可以进入新一轮的优化环节，即通过物联网整合各种生产要素资源，加强农业生产的智能化，从而为缩短农产品产业链创造条件。换言之，农业生产中全要素网络的优化过程，是一个内外力交互驱动且持续改进的循环过程。

由此，可构建农业生产中的全要素网络模型如图7.1所示。由图可形

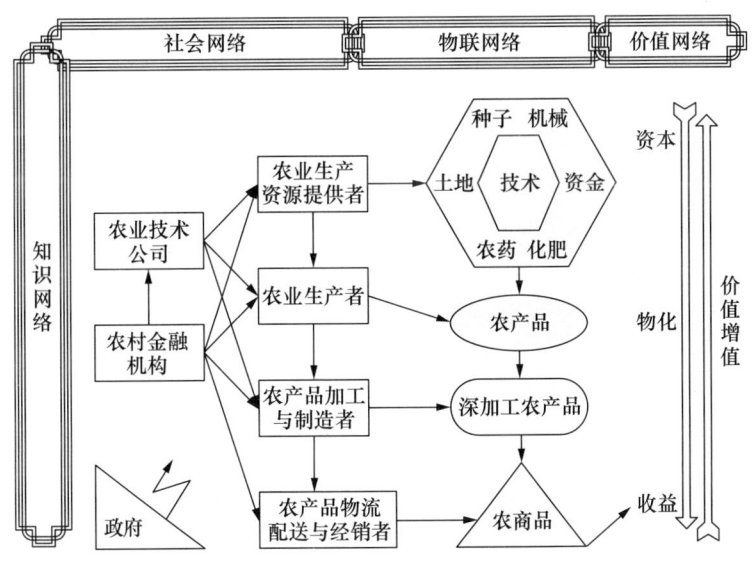

图7.1 农业生产中的全要素网络模型

成以下结论：①农业生产活动起始于各种农业生产主体在社会网络环境下的组织与经营；②依赖于物物相联网络，生产要素能够实现更高效地组合并转化为产品和商品，实现经济效益；③农业生产活动本质上是由资本物化成农产品和商品并由此实现价值增值的闭环价值链过程；④要提高社会网络的主体组织作用、物联网络的要素整合作用、价值网络的价值增值能力，需要在农业生产全过程中贯彻知识网络的驱动力，以技术和知识支撑农业生产的高效率、高转化能力与高附加值；⑤农业生产绩效依赖于全要素网络能力。换言之，依赖于知识网、社会网、物联网、价值网的科学组合与高效协同。

二、基于全要素网络的"技农贸一体化"模式

然而，全要素网络模型仅能用于优化农业生产实践的理论指导，要想确实地促进农业产业升级与经济发展，需要有一个更切实可行的抓手。这个抓手就要回到全要素网络的表现层面，即"技农贸一体化"。技，主要是指农业生产活动中的新技术、新机械、新品种的研发与推广应用，这些活动主要由知识网络来承载；农，是指农业生产组织与劳作活动，在组织层面由社会网络来支撑，而在劳作层面未来将更多由物联网络来支撑；贸，是指农产品由物化形式向货币形式转换并由此实现价值增值的过程，主要由价值网络来实现。因此，所谓的技农贸一体化，就是要整合知识网、社会网、物联网和价值网，以全要素网络为支撑，实现农业生产全过程、全周期、全要素的整合，进而实现产供销对接与平衡，寻求农业生产全产业链的价值增值最大化。

虽然技农贸一体化这个概念无论是在学术界还是在实业界，都只是一个昙花一现的概念，但是事实上后续的很多思潮都具有"技农贸一体化"

第七章 全要素网络、"技农贸一体化"与"互联网+农业"可持续发展

的思想。例如,精准农业是农业信息技术与农业生产相结合而提出的发展理念[10],现代农业概念与此相似,但内涵更加泛化和丰富[11];农业电商是农产品生产与贸易相对接而实现的发展模式[12];农业产业化是一个欲将农业技术、生产与贸易融为一体的概念[13]。这些不同的农业发展理念如果都归纳到技农贸一体化的研究框架下,那么"技农贸一体化"的发展模式可总结为三种类型:以农业技术公司、农业龙头企业为主体,向农业生产和农产品贸易延伸的"公司+农户"模式;以农户、农业生产合作社为主体,后向引入新兴技术、前向寻求商品化渠道的家庭农场模式;以农产品经销商、电商为主体,将农业新技术培训与推广、组织农业规模化生产、农产品贸易整合为一体化产业链,打造农村与城市对接、闭环物流与供应链的农业电商模式。这三种模式由于驱动主体不同、产业链路径不同、运营模式不同,最终在全要素网络格局和增值模式上也会有很大的差异。

1. "公司+农户"模式

"公司+农户"是我国农业产业化中的一种重要组织模式,它充分发挥公司在组织治理与产品交易方面的优势,科学安排和组织农户的规模化生产[14]。在"公司+农户"模式中,公司可能包括流通企业、加工企业、专业协会、专业合作社、专业大户等[15]。在大多数"公司+农户"组织中,公司通常提供先进的生产与管理技术、农产品销售渠道等,有时也提供种子、农药、化肥等以提前回收部分成本,而农户则主要提供土地、劳动力、资金、机械等。公司与农户的关系既可以是基于契约的紧密合作关系,也可以是半正式的交易伙伴关系。复杂多样的公司—农户间关系往往使处于信息弱势的农户承担更多的风险,其农业生产收益难以保障,从而影响"公司+农户"组织的契约稳定性[16];而农民在普遍性的"受害"中又强化了对公司的不信任,从而让有公司参与的农业生产关系网络更加的复杂化。但从另一角度来看,农户在与公司合作的过程中,往往能够较为容易地接触到最新的农业生产技术、机械与经营模式以及农产品市场信息等,从而有利于农业生产中知识网络、物联网络的功能发挥,起到推动农业技术进步和促进农业产业化的作用。"公司+农户"模式的主要缺陷

在于，以农业龙头企业为驱动的"公司+农户"组织通常着眼于单一农产品的规模生产与经销，这对于一些生产大户而言是有效的，也有利于农业的集约化与现代化生产；但它在多品种、小批量的农产品生产组织与销售方面不具有优势，很难做到"普惠于民"。而且，"公司+农户"组织中公司更多的是着眼于自身经济利益的最大化，而缺乏平台服务思想，这是一种不可持续和难以自我复制的发展模式。从价值链角度，公司同时经营着价值链的前端与后端，均属于高附加值领域，而农户位于价值链的终端，属于低附加值领域，因此，"公司+农户"经营模式很多情况下处于一种"偏利共生"状态，往往肥了公司而有损于农民。这也是很多学者诟病"公司+农户"经营模式以及这种模式无法更进一步大规模推广应用的原因。

2. 家庭农场模式

在我国大力推动农业现代化与学习借鉴国外农业生产组织模式的背景下，我国开始高度重视家庭农场模式。家庭农场是指以家庭成员为劳动力，以农业收入为主要来源的农业经营单位[17]。它有别于小农户，在种养规模扩大后有一定的技术与经济实力，但同时又保持着家庭经营的传统优势。在社会网络层面，家庭农场模式主要局限于家庭成员范围内，因此相对而言社会关系较为纯粹，主要以血缘和亲情来维系，且保持着相互间的高度信任；缺陷是在规模较小和相对封闭的网络环境下，其接触到新技术、新知识、新渠道的可能性更小，这就阻碍了其能力与效率的提升，制约着其规模化与专业化发展。在生产经营层面，生产要素的整合与利用能够达到效率最大化，但是由于单一家庭在经济实力、风险承担能力等方面的局限性，使其只能做到适度规模[18]。从价值链角度考虑，家庭农场的产业价值链非常短，几乎可以说是以链上一点的方式存在，这使它能够在这一点上做到价值增值效率最大化，但也意味着这种方式不利于整个农业产业由点到链、由链到面的产业化发展。在技农贸一体化层面，家庭农场具有最大的局限性，这就是为什么经常发现很多家庭农场忙于寻找科研院所技术支持、服务平台分销渠道支持、金融机构融资支持的原因，因为它们在产业链后端的技术研发与前端的经销贸易等方面通常都做不到专业化也很难做到延伸与融合。

3. 农业电商模式

在以电子商务为主导的新经济环境下,我国农业也开始积极整合互联网与电子商务的功能,各式各样的农业电商如雨后春笋般冒出来。而且,这些农业电商往往都野心甚大,有的致力于打造以双向物流为渠道的闭环供应链条[19],有的致力于实施闭合平台战略[20],有的则提出产供销一体化战略和促进产业融合[21]。它们涉及的业务也非常广泛,包括农村金融、农资服务、农业技术培训、农产品销售、工业品的农村销售、休闲农业与农村旅游乃至精准扶贫等[22]。但是,无一例外,它们都是由以从事贸易为主营业务的电商来主导和驱动,做的是交易与服务,而技术与生产是它们的弱项。农业电商是一种价值链前端向后端延伸的典型模式,它在价值增值方面有着天然的信息敏感性与优势,在服务提供与平台搭建方面也具有高度专业性,通常能够为解决农产品"卖难"问题提供可行渠道。但是,电商与农户之间大多体现为产品收购交易关系,电商在农产品生产的规模化与专业化组织方面一般是无能为力;而再往前延伸,虽然现在有些电商开展了农业技术培训等业务,但事实上它们的培训通常集中在如何操作和利用互联网平台来开展农产品电子商务,而不是为农户提供专业性的农业技术咨询以提高农业生产力,这一点与"公司+农户"模式有着根本性区别。农业电商通过 B2B、B2C 和 C2C 业务,极大地丰富和完善了农村社会网络,让农民的信息、技术、渠道都能延伸到更远,这为农业规模化与专业化发展奠定了基础;但却又可以看出,农业电商仅仅变革了农产品的交易关系而未根本改变农业生产力与生产关系。换言之,农业电商模式对农业现代化进程的作用是有限的。

综上所述,虽然"公司+农户"、家庭农场、农业电商等模式都能算是"技农贸一体化"的一种尝试,但是三者却都没有真正做到"技农贸一体化"。它们在技、农、贸三方面各有自己的短板,而短板产生的原因在于没有哪种组织能够有效组织与整合农业生产中的各方主体、诸多要素、

全要素网络与产业集群发展

多方利益与全部环节。换言之，作为一个大产业，农业中的全要素网络目前只能算一个理想的理论模型，而很难切实在实践中加以呈现和利用。三种类型"技农贸一体化"模式在全要素网络上的优劣势比较如表 7.1 所示。

表 7.1 "技农贸一体化"模式的比较分析

模式	基于社会网络的生产组织能力	基于知识网络的新兴技术利用能力	基于物联网络的生产要素整合能力	基于价值网络的价值增值能力（技术/生产/商贸）	全要素网络的整体整合能力
"公司+农户"	彼此信任程度不高，关系不稳定，但由于契约约束有一定的生产组织能力	公司的新兴技术能够迅速向农户扩散，促进农业技术进步与生产效率提升	在生产与管理技术规范下，要素整合能力较强，农产品的产量和品质有所保障	强→弱（递减三角）	整合质量较高，但规模有局限。偏向于前向整合
家庭农场	内部信任度非常高，生产协作程度与效率也非常高，但外部协作能力通常较低	自身基本不具备现代化农业技术研发条件，往往需要寻求外部的技术支持	虽然物联技术应用能力偏弱，但家庭协作关系可有所弥补，要素整合能力较强	弱→强→弱（中间高三角）	要素整合的质量与规模均一般。偏向于双向整合
农业电商	以平台服务形式能布局较大规模的社会关系网络，但网络功能偏向于支持农产品贸易，而非生产	对于新农业技术与信息等显性知识的传播扩散有天然优势，但不适于更具价值的隐性知识传播	电商能够实现较大范围、较多类型生产要素的整合，但由于电商本身不具备组织与约束力，要素整合能力趋向一般	弱→强（递增三角）	要素整合质量不高，但规模可达到非常大。偏向于后向整合

第七章 全要素网络、"技农贸一体化"与"互联网+农业"可持续发展

进而可得出结论，理想意义上的"技农贸一体化"，应该是"公司+农户"、家庭农场和农业电商的再整合。换言之，技农贸一体化应该是一个相对宏观的概念，它不是一家农业龙头公司或者一家大型农业电子商务公司就能够支撑起来的，而应该是由所有的农业经济主体（包括农业生产资源提供者、农业生产者、农产品加工与制造者、农产品物流配送与经销者、农业政策制定者、农村金融机构等）共同参与和驱动。在"技农贸一体化"过程中，任何一个环节的短板或者主体的缺失都无法完全驱动全要素网络，从而影响全要素整合效率，降低一体化程度。"技农贸一体化"可以看成是我国农业现代化发展的一个目标，而且是一种可以持续优化却永远无法达到的目标。

三、"互联网+农业"的可持续发展路径

既然"技农贸一体化"只能作为我国农业经济发展的一个指导性目标，而且全要素网络理论也只能起到理论上的指引作用，那么发展农业技术和产业经济的抓手到底是什么？"互联网+农业"与现代农业两个概念的提出，或许为我们提供了答案。现代农业是指应用现代科学技术与现代工业提供的生产资料与科学管理方法而实现的规模化、集约化、专业化、社会化农业[23]；"互联网+农业"既包括利用物联网、云计算、大数据等现代信息与通信技术对农业产业链进行升级改造，也包括利用互联网促进农业经营模式与销售生态的创新[24]。虽然前者对农业生产变革与产业升级更具指导意义，但后者的内涵更为丰富且具有可操作性，为此，本书认为，"互联网+农业"适合作为农业可持续发展目标实现的抓手，通过推动"互联网+农业"寻求传统农业在生产方式、产业模式、经营手段等多方面的创新与突破，促进农业与工业、科技、经济的融合，以此跟上我国

城镇化、工业化、现代化与新经济发展的进程。

从理论上演绎可发现，如果没有互联网技术的参与和支持，事实上全要素网络、"技农贸一体化"都是难以实现的。首先，在全要素网络层面，新媒体下的社会网络关系需要以互联网为载体和媒介，智能化目标下知识网络中的泛在计算与资源优化需要以互联网来收集数据与提高计算性能，物联网本身就是互联网功能的延伸，而新经济环境下价值网中价值增值能力的提升也需要以互联网支撑其渠道发展；其次，在"技农贸一体化"层面，技术推广与扩散在互联网环境下能够提高规模与效率，农业组织与生产也越来越依赖于互联网、物联网技术，农产品电子商务与贸易则完全加持在互联网上，而且"技农贸一体化"所要求的要素、渠道、主体的整合，更加需要以互联网作为统筹、协调与服务平台。因此，也只有在"互联网+农业"模式下，全要素网络的功效才能有效发挥，"技农贸一体化"才有得以实现的前提条件。

全要素网络、"技农贸一体化"、"互联网+农业"可持续发展之间的关系可表述为：首先，全要素网络主导着现代农业发展的内在规律，全要素网络为"技农贸一体化"提供所需要的资源、关系、技术等要素的支撑，也为"技农贸一体化"的价值增值提供内在保障；其次，"技农贸一体化"应该是"互联网+农业"可持续发展的一种理想模式和可行路径，通过"技农贸一体化"，才能打通农业技术研发、农业生产、农产品销售全流程，传统农业才能借助互联网这只翅膀"飞起来"；最后，只有在遵循全要素网络内在规律打造全要素网络平台的基础上，以"技农贸一体化"为运营模式和抓手，才能系统谋划"互联网+农业"的可持续发展，为"互联网+农业"发展创造新格局和大气象。此外，全要素网络运行的内在规律，本身也能为更好地促进"技农贸一体化"和开发"互联网+农业"新经济模式提供指引，在全要素网络运行模式和建设重点有所不同时，"互联网+农业"可能会走上不同的可持续发展道路。总而言之，全要素网络是"互联网+农业"可持续发展的本，而"技农贸一体化"是"互联网+农业"可持续发展的纲，只有抓住了本和纲，才能为"互联

第七章　全要素网络、"技农贸一体化"与"互联网+农业"可持续发展

网+农业"发展带来不竭的内驱力。

农业可持续发展理念有丰富的内涵，至少包括四个方面的目标：其一，它应在时间维度保持较为稳定的技术升级与经济增长；其二，它应以技术为驱动力，而不是以劳动力为驱动或者以破坏生态为代价；其三，它应具备自我发展的驱动力，在要素投入、产品生产、价值增值等环节能够形成一个良性循环，从而使农业生产活动得以持续；其四，它应有利于农村社区与农业生态的和谐，为农业技术与经济发展提供一个持续稳定的社会环境[25]。那么，在全要素网络支持下，"互联网+农业"如何实现可持续发展，其路径是什么？本书认为，全要素网络中的四种网络各自有着功能与价值取向，它们正好对应着农业可持续发展的四重目标：价值网络致力于驱动农业经济增长；知识网络致力于驱动农业技术创新与产业转型升级；物联网络致力于促进要素整合与产业链循环优化；社会网络致力于农村社会环境和农业生产关系的和谐。据此，可从全要素网络的视角出发，以促进"技农贸一体化"为桥梁，寻找促进"互联网+农业"可持续发展的路径，主要包括：

（一）以价值网络驱动的"互联网+农业"经济可持续发展

这一路径需以价值增值为目标导向，以市场需求为激发，逆向沿着农产品供应链进行要素整合与产品组合，再由此促进公司、农户、要素提供商等参与主体的动态协作，共同实现纵向产业价值链上的价值增值能力最大化。在这一路径上，最为核心与关键的是起点，即农产品市场需求的预见性发现与创造。因此，作为农产品大规模销售的服务平台，农业电商掌握着农产品市场交易的动态数据，具备农产品市场需求与价格预测的优势，适合作为这一路径的发起者与组织者。但是，要作为组织者，我国的农业电商在主体联合与要素整合等方面的能力仍旧偏弱，未来的农业电商应该加强其对逆向供应链的控制能力，能够直接联合若干具备高新技术的农业龙头企业并间接控制大规模农户和农业生产资源，这样才能做到随市场需求变化而做出动态决策，带领整个农产品产业链完成由要素到产品再

到丰厚收益的全过程。在这种路径条件下，农业经济发展的主要模式是以销定产，完全匹配市场中农产品的供给与需求，消除城市农产品价格高和农村农产品销售难的双边问题，这对于稳定农产品市场和促进农业经济健康发展具有重要意义。此时，互联网的应用重点体现在两方面：其一，作为农产品电子商务的承载平台，同时也作为农产品交易的服务平台；其二，作为电商、公司、农户等多方主体交流与协作的信息平台。在这一路径的引导下，"互联网+农业"更多地体现为农产品电子商务的发展。

（二）以知识网络驱动的"互联网+农业"内涵式转型发展

经济可持续发展路径有利于农业互联网经济的蓬勃发展，但是就根本上而言，这种发展路径对农业产业转型与升级的作用是间接的。而我国在长久以来的传统农业背景下，要实现向现代农业的跨越式进步，光靠这种经济拉动的间接作用显然是不够的。为此，需要更为重视"互联网+农业"的内涵式转型发展，这一发展路径强调农业新技术知识的驱动作用，以技术创新促进产业转型升级，强调农产品的品质与技术含量，而且这种可持续发展路径也符合我国当前所提倡的供给侧改革的核心精神。在这一路径下，掌握先进农业新技术的农业龙头企业有着较大优势，它们适合作为这一发展路径的引领者和组织者；而作为农业新技术采纳与应用主体的农户，也起到不可或缺的作用，它们是这一发展路径上的实施者。由此，"公司+农户"组织模式适宜于推动"互联网+农业"的内涵式转型发展，而且此时由于公司与农户间的相互依存关系，更有利于保障农户在这一发展路径上的经济利益。"公司+农户"组织模式有利于推动"互联网+农业"的规模化、集约化和专业化发展。此时，互联网的应用价值主要体现为作为公司与农户之间交流与合作的平台，以及作为公司进行新型农业技术研发与推广的工具平台。

（三）以物联网络驱动的"互联网+农业"产业链升级发展

我国现代农业的发展不能依赖于公司、农户或者电商等单一主体的发展,而应该从宏观角度重视农业产业链的整体优化与升级发展。在城市工业化发展进程中,已经非常重视产业链的协作以及产业集聚的重要作用。但是,这些先进的管理模式与经验却很少在农业现代化发展中加以复制实现。农业的产业集聚如何实现?以农业集聚为基础的现代农业、休闲农业等模式如何运营?以农业集聚为依托的特色小镇如何打造?这些都可以说是未来我国农业现代化发展的主要方向之一。在产业集聚条件下,产生农业生产的规模经济与品牌效应是关键,而规模经济产生的基础又是要素整合能力,因此,着重于要素整合的物联网络应该能在这一发展理念下发挥重要作用。以物联网为支撑,实现特色小镇区域范围内所有农业生产资料的集聚型与动态性管理,从而让所有的要素资源都能有机整合并服务于区域经济发展;通过要素资源的动态整合,打造一条乃至多条具有柔性与市场适应性的农业产业链,主导农业产业链的升级发展。这一发展路径的要义是要素整合与集成创新,相对而言,地方政府因为在制定政策与顶层设计等方面的优势,适合做这一发展路径的倡导者和规划者。但是,此时对地方政府要求较高,既要有宏观设计与趋势掌控的能力,更要学会引导和激发社会资源,让农业产业链自我优化,致力于农业生态的自组织完善与发展。互联网技术主要起到支撑物联网运营的作用。

(四) 以社会网络驱动的"互联网+农业"生态可持续发展

我国是一个农业大国,表现在农村土地面积广袤、农业人口占较大比重以及农业经济在国民经济中仍旧占据较大的比重。农业经济的发展,其实也起到团结农村人口、稳定农村社会环境、建设全面小康与和谐社会的重要意义。因此,农业可持续发展,无须考虑其中的生态可持续发展问题,它不仅是强调对农业自然生态环境的保护,更重要的是强调对农业人文生态环境和谐的重视。相对于城市中人与人之间的社会网络,农村社会网络具有半径更短、出入度更高、节点对网络关系依赖性更强等特点。无论是农业经济、农业技术还是农村文化的发展,事实上都要以农村社会网络为依托。促进"互联网+农业"的生态可持续发展,关键在于以社会网络为驱动，遵循社会网络的关系脉络，遵守农村地区的文化传统，把农业生态的建构与发展问题都交由社会网络来解决，激发农业生态的自组织运行机制。又因为农户是农村社会网络的基本节点单元，因此以农户为主体的家庭农场，在农业生态可持续发展路径中有着作为核心主体的优势。通过将农村区域分割为一个个相对较有规模的家庭农场，并把富余的农村劳动力资源引入城镇，而农村则由资源相对富足、经济相对富裕、精神相对悠闲的农场主来支撑，或许将会是未来我国农村发展的一大趋势。在这种发展模式下，和谐共处的家庭农场成为农业经济发展的基本单元，再引入以互联网为支撑的现代农业生产与管理技术，"互联网＋农业"将主要以家庭农场模式呈现。此时，互联网的应用价值主要体现在改进家庭农场的现代农业作业技术以及丰富农场主的精神与文化生活，营造一种科技与文化均高度发展的农业生态。

分析上述四条发展路径不难发现，它们仍旧是在片面地、分割地看待农业发展问题，而要促进"互联网＋农业"的全面与可持续发展，必须将上述四条路径加以融合，依托全要素网络（而非单一网络）的驱动作用，促进农业技术、经济、产业、生态的同步升级与和谐发展。而要做到这一点，前提是需要在农村打造硬件（互联网、物联网）和软件（知识网、社会网、价值网）双驱动的优越环境，再契合当地农业发展的情境、需求与规划，建构农业生产的全要素网络，而全要素网络打造的关键又在于实现四网融合与联动[26]。

四、案例分析

供销 e 家是全国供销合作社统一的综合性电商平台，旨在利用互联网优势建设农业产业技术、知识、关系、资源、价值等要素集成与共享的网

第七章　全要素网络、"技农贸一体化"与"互联网+农业"可持续发展

络体系,在供给层面为农民提供产业发展服务,在需求层面提供农产品收购与交易服务,最终促进农副产品供给与需求的对接,打造"互联网+农业"的电商参与服务模式。

供销 e 家的业务架构充分体现了全要素网络的思想:第一,在全国有 7 个大型的交易中心,但是在网络运营层面却始终坚持"前端多样化、后台一体化"的建设原则,以保持全国客户与产品信息的互联互通。第二,依靠后台提供的数据交换、智能配送、信息发布等功能,打造县、乡、村三级的信息处理和物流管理体系,有效地实现了信息流与物资流的融合与同步。第三,非常重视对外合作(目前达成战略合作协议的有顺丰、新华社、中国移动、中国银行等),以此完善其社会网络。而且,供销 e 家致力于深入县、乡、村去布局农产品供销网络,坚持为具有地方特色的名优农产品提供产供销服务,积累了丰厚的农村社会资本。第四,充分发挥了物联网技术的优势,在搭建农产品物流体系、建设农产品溯源体系时均有广泛应用。第五,有效整合了知识网、社会网、物联网等方面的技术与资源,优化业务布局和强化价值增值,促进价值网络的建设与健全。目前,供销 e 家已形成了农产品销售、农资农技服务、休闲农业产业园建设、生鲜农产品同城配送、精准扶贫等多业务链并进的价值网络格局。供销 e 家的全要素网络架构如图 7.2 所示。但是,同时需要指出的是,毕竟供销 e 家成立的时间尚短,在四种网络的融合方面尚有待提升,目前只是有了四网融合的雏形,离完善健全的全要素网络还有较大的差距。

在建设全要素网络的基础上,供销 e 家在业务上开始尝试走技农贸一体化的道路。首先,配合县级运营中心积极申请成立职业培训学校,在强大讲师团队与完善课程体系的保障下,进行技术输出与人才孵化;其次,以技术和人才为依托,在乡镇运营特色产业和建设产业园区,打造休闲农业、现代农业产业链条;最后,以丰富的特色农产品供给为保障,开展生鲜农产品的电商业务,通过农产品上行和工业品下行,打通农村与城市市场的贸易通道,实现价值增值和塑造电商品牌。在"技农贸一体化"的过程中,供销 e 家遇到的问题有:由于自身在农业新技术等方面不如一些农

业龙头企业和农业科研机构,使它的职业培训课程体系主要集中在电商分销方面,而能够直接为农民提供技术服务的能力非常弱;同时因为平台运营时间短,客流量尚未形成规模,这影响了平台上农产品的需求力,而需求不足又导致供销e家不能去大量地开发农产品供给能力。换言之,供销e家在技农贸一体化方面的尝试值得推广,是一种发展现代农业的新模式,但在技、农、贸的相互促进环节,目前还未能做到良性正反馈,存在着相互制约的障碍,未来有待更多的提升和改进。

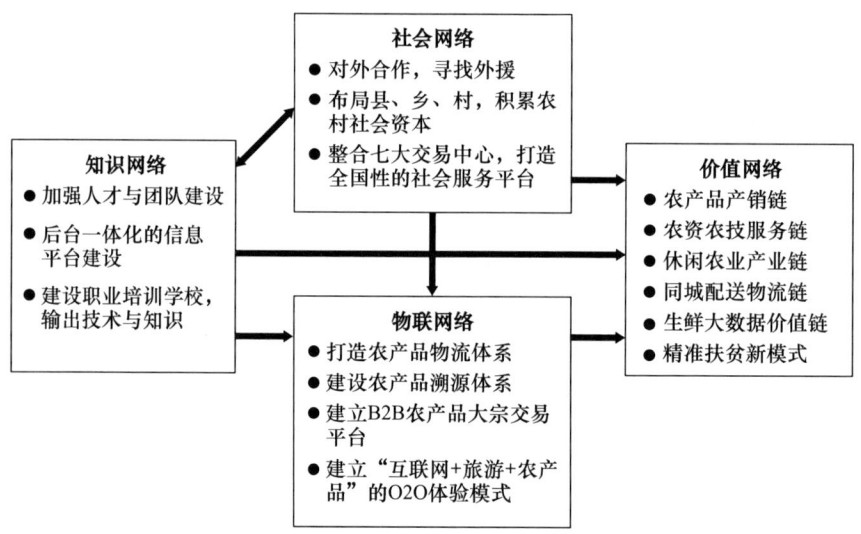

图 7.2 供销 e 家的全要素网络架构

因为供销e家在全要素网络建设和技农贸一体化模式等方面的创新,为"互联网+农业"的发展带来了很多机遇。首先,供销e家的经营模式提醒我们,现代农业的发展不仅要依靠涉农电商来拓展市场需求,更需要依靠掌握先进知识的农民来保障农产品供给,因此,为农民提供农资农技服务应该成为"互联网+农业"中的一个重要环节;其次,"互联网+农业"意味着农业数据上网,庞大的数据与信息本身就意味着将是一笔巨大的财富,能够为一些互联网企业带来价值增值;再次,"互联网+农业"

意味着全部的农业物资流、信息流、客户流都将容纳到一个系统平台中,这个平台的背后事实上是一个巨大的社会网络,而依靠社会网络关系进行资源整合,也将为现代农业带来新的价值增值机会;复次,"互联网+农业"其实也就意味着"物联网+农业",将会为农产品生产、物流、销售等环节带来技术变革,而因为技术变革实现的效率提升,也将是"互联网+农业"所产生的新红利;最后,通过电商平台的参与,依托互联网平台将实现更大范围内的农产品生产和销售提供实时信息,从而更大能力地支撑农产品产供销一体化,更好地促进产销平衡,保障农业的健康与可持续发展。因此,供销 e 家的经营模式将极大地助力我国"互联网+农业"的发展。

五、本章小结

在我国由传统农业转型过渡到现代农业的发展进程中出现了很多问题,也有着很多的新理念和新方案去试图解决这些问题。由此,就有了"公司+农户"、家庭农场、"互联网+农业"、农村电商等各种各样的发展理念和农业组织出现,这在一定程度上促进了我国农业经济的蓬勃发展。然而,实践表明,我国农业技术经济与产业可持续发展的根本性问题并未解决,农业产业的集聚水平、现代化水平、产业链完善水平仍旧不高,未达到农业供给侧改革的目标。本章通过引入全要素网络理论和技农贸一体化理论,剖析了农业现代化的理论本质,并从理论发展到实践,提出了技农贸一体化的模式以及促进"互联网+农业"可持续发展的路径,这对于推动我国农业现代化发展具有理论与实践的双重指导意义。研究为探索现代农业发展方向提供了一种崭新的思路,对于制定农业发展规划与完善"互联网+农业"发展体系具有重要的参考价值。需要特别说明的是，本章为了追求研究架构的完整性以及从系统层面做好理论建构，同时将全要素网络、"技农贸一体化"、"互联网+农业"可持续发展三个方面的研究内容纳入，在一定程度上影响了每部分研究的深度，也造成了可能存在的研究重点不突出问题。未来将在更细节的内容上展开深入研究，以不断地丰富本书提出的理论设想。此外，本章的研究结论缺乏大规模样本数据的支持，需要更多的论证与检验。而这也正是课题团队的未来研究方向，我们将致力于收集要素整合网络、技农贸一体化和"互联网+农业"等方面的资料，从系统论证角度为农业全要素理论和技农贸一体化理论提供更为丰富的证据。

本章参考文献

[1] 邓大才. 改造传统农业：经典理论与中国经验 [J]. 学术月刊, 2013, 45(3): 14-25.

[2] 靳青, 杨英茹, 郭利朋等. "互联网+"背景下我国农业转型升级策略探讨 [J]. 安徽农业科学, 2016(4): 319-321.

[3] 周泓. 全国供销合作社系统在全国铺开"供销e家"互联网平台 [J]. 农业工程技术, 2016, 24(8): 61.

[4] 周耀标. 技农贸一体化的特点与功能——农业科技体制改革的成功之举 [J]. 现代化农业, 1988(10): 16-17.

[5] 周耀标. 关于技农贸一体化的实践与思考 [J]. 科学管理研究, 1988(3): 9-11.

[6] 喻登科, 刘静华, 周荣. 泛在知识环境下全要素网络形成与大产业整合战略构想 [J]. 科技进步与对策, 2016, 33(8): 55-63.

[7] 喻登科, 周荣. 全要素网络维力、产业变革与新兴产业集群形成 [J]. 科技进步与对策, 2016, 33(4): 51-60.

[8] 姜睿清, 喻登科, 薄秋实. "互联网+"背景下全要素网络及产业集群生成机理与模式 [J]. 科技进步与对策, 2016, 33(21): 58-65.

[9] 李俏, 王建华. 现代化进程中的"农业社会化"：概念、类型与主体

辨析[J]. 安徽大学学报(哲学社会科学版), 2013, 37(3): 122-128.

[10] 何东健, 何勇, 李明赞等. 精准农业中信息相关科学问题研究进展[J]. 中国科学基金, 2011, 25(1): 10-16.

[11] Jules Pretty, Craig Brett, David Gee, et al. Policy challenges and priorities for internalizing the externalities of modern agriculture[J]. Journal of Environmental Planning & Management, 2011, 44(2): 263-283.

[12] Andreopoulou Z, Tsekouropoulos G, Koutroumanidis T, et al. Typology for e-business activities in the agricultural sector[J]. International Journal of Business Information Systems, 2008, 3(3): 231-251.

[13] Lynne G D. Agricultural industrialization: A metaeconomics look at the metaphors by which we live[J]. Review of Agricultural Economics, 2002, 24(2): 410-427.

[14] 胡新艳. "公司+农户": 交易特性、治理机制与合作绩效[J]. 农业经济问题, 2013, 34(10): 83-89, 111.

[15] 高阔, 甘筱青. "公司+农户"模式: 一个文献综述(1986-2011)[J]. 经济问题探索, 2012(2): 109-115.

[16] 姜睿清, 黄新建, 谢菲. 为什么农民无法从"公司+农户"中受益[J]. 中国农业大学学报(社会科学版), 2013, 30(3): 54-60.

[17] 朱启臻, 胡鹏辉, 许汉泽. 论家庭农场: 优势、条件与规模[J]. 农业经济问题, 2014, 35(7): 11-17, 110.

[18] 王春来. 发展家庭农场的三个关键问题探讨[J]. 农业经济问题, 2014, 35(1): 43-48.

[19] 张福安, 达庆利, 公彦德. 考虑双向主导相异的闭环供应链物流策略与补贴机制研究[J]. 中国管理科学, 2016, 24(10): 44-51.

[20] 李仪. "互联网+"背景下的农业商业模式创新: 基于农业全产业链闭合平台的视角[J]. 学习与探索, 2016(9): 101-106.

[21] 李海伟, 顾文斐. 供给侧改革背景下农业产供销一体化经营模式研究[J]. 经济界, 2016(4): 90-96.

[22] 周玲,王明宇."互联网+"背景下的农业电商发展现状及趋势研究[J]. 中国商论,2015(13):48-50.

[23] Rehman A, Luan J, Khatoon R, et al. Modern agricultural technology adoption its importance, role and usage for the improvement of agriculture[J]. Life Science Journal, 2017, 1414(22):70-74.

[24] 杜松华,陈扬森,柯晓波,蒋瑞新."互联网+生态农业"可持续发展——广东绿谷模式探究[J]. 管理评论,2017,29(6):264-272.

[25] Krasovska Y, Lesnyak A, Podlevska O. Sustainable environmental and economic development of agriculture throughout transboundary areas by the example of Ukraine and Belarus [J]. Balanced Nature Using, 2017, 7(1):24-29.

[26] 孙德忠,周荣,喻登科. 基于四网融合的产业升级与新兴产业培育研究[J]. 科技进步与对策,2014,31(7):48-53.

第八章 泛在知识环境下的全要素网络形成与大产业整合战略构想

在全球经济一体化浪潮下,由于在土地、劳动力等生产要素上的低成本优势,中国所承接的国际产业转移规模达到了前所未有的水平,也为中国赢得了"世界工厂"的美誉[1]。然而,一方面,随着中国经济的快速发展,生产要素成本上的优势正在消失;另一方面,随着知识经济的深入发展,知识资源逐渐取代土地、劳动力等要素成为引导产业经济发展的核心资源。在这种机遇与挑战并存的形势下,我国开始高度重视产业结构升级转型、产业链整合、传统产业改造、生产性服务业发展、高新技术产业培育等。2010年,更是将发展战略性新兴产业确定为国家层面抢占新一轮经济和科技发展制高点的重大战略[2]。依靠对传统产业的转型升级和新兴产业的培育打造,再进行以知识和技术为核心的产业整合,将成为未来中国新经济增长点的发动引擎。

未来的经济必然是以知识为主导的经济形态,高技术、知识型人才、创意策划等将成为知识经济的标志性特征。知识经济发展将在知识环境下完成,知识资源是最核心的生产要素,传统型生产要素将围绕着知识资源而流动和配置。2003年,美国国家科学基金委首次提出了泛在知识环境的概念,认为它是一个促进知识普遍存取、共享、发现和创造的无所不在的知识环境[3]。之后,就有学者开始广泛研究泛在知识技术[4]、泛在计算方法[5]、泛在学习环境[6]等,为泛在知识环境实现的软硬件开发提供技术支撑。在泛在知识环境下,泛在知识技术将使知识网络无处不在,泛在计算将极大地提高生产要素资源配置和利用的效率,客户关系、企业关系等生产关系将因为生产力的提升而发生改变。产业链在生产力与生产关系的变迁演化过程中也不断重组与整合，形成更具效率的产业网络，从而极大地提高产业价值链的价值增值能力。

在泛在知识环境的支撑下，产业间、企业间的知识网络将更加健全和高效，知识资源的共享与创新将更能为技术创新提供支持。而随着知识网络的功能发挥，以人际关系为核心的社会网络也会更能孕育出关系资本，为产业联盟协同发展奠定基础。当泛在计算技术逐渐应用于产业经济和社会发展时，以物联网为平台的有形资源共享也必然会兴起，生产要素流转和配置效率提高，产业链网结构悄然发生改变。在知识网、社会网和物联网的驱动下，知识资源、人力资源和物质资源将在泛在知识环境下更加有效的流动和被利用，从而为价值网的价值增值带来极大的帮助。孙德忠和喻登科等（2014）就提出了价值网、知识网、社会网和物联网的四网融合机理，并在四网融合基础上研究了产业升级和新兴产业培育机理与模式[7]，为我国未来的产业经济发展提供了一种新的思路。

据此，本章在前述基础上进一步研究泛在知识环境下的四网融合机理，剖析四网融合模式下未来产业经济中生产要素的流转渠道，构建全要素网络的理论模型；进而以全要素网络为载体，研究包括传统产业升级、新兴产业孕育、新老产业链重组等在内的大产业整合战略，提出未来中国应促进全部产业统筹与协同发展的新观点。将泛在知识技术与环境应用于支撑大产业整合，实现产业经济的一体化发展，将是未来产业经济发展的必然选择，本章研究对产业经济战略具有重要的理论指导价值。

一、泛在知识环境对未来经济发展模式的影响

表面上，泛在知识环境是指由网络设施、软硬件、信息资源、用户等

组成的新一代知识基础架构，目的是通过计算、存储、通信等现代技术来彻底解决知识获取与共享障碍，建设一种普遍性、综合性的知识环境[8]。实质上，这种泛在知识环境、泛在计算技术等支撑的绝不仅仅是知识与信息资源的流转与共享，而是更广泛的基于知识计算的资源共享，而其中最有价值的是有形资源共享，因为有形资源共享将彻底颠覆过去对资源共享的认知，从而极大地提高有形资源的利用效率，为经济与社会带来巨大的价值。在此过程中，物联网将辅助泛在知识技术，为有形物质资源的共享起到重要的支持作用[9]。泛在知识环境将对未来的经济发展模式产生重大的影响[10]。这种影响将作用于企业与客户、社会个体与社会组织等各个层面，改变经济系统中的生产与消费关系，提高生产能力与改变消费模式，进而对社会个体的生活习惯、社会组织的经营理念也产生重要影响。

（一）泛在计算和物联网等现代技术将改变企业组织的生产经营模式

1991年，Mark Weiser提出21世纪的计算将是泛在计算，认为无处不在的计算技术将取代个人电脑和大型计算机深入社会的方方面面[11]。泛在计算与虚拟现实不同，虚拟现实将人置身于计算机的世界，而泛在计算努力将计算信息整合到人类世界中。当这种泛在计算技术应用于企业组织经营和社会科学时，企业组织的生产经营模式将发生深刻变革。未来的一些企业组织可能会不需要自身存储任何的物质生产资料，而能够充分利用其他组织的生产资料进行随时随地的产品生产；未来的企业组织可以完全脱离物理边界的束缚，将其工厂、设备、人力、原材料等"隐藏于无形"；未来的企业组织可能会与任何行业的其他组织进行合作，只需要它们之间有着互补性的资源即可，而且这种合作还是弥漫性的、动态性的；未来的企业组织可以根据完美的计算来实现客户的完全个性定制和快速物流，从而大大提高产品和服务的客户满意度；未来的企业组织甚至可能不从属于任何一个行业，因为它们只需要利用泛在计算发现市场需求，就能利用泛在知识环境中的可共享要素资源组织产品制造，提供产品与服务。

物联网是互联网的应用拓展，在互联网基础上将用户端延伸至物品与物品之间，进行物质资源的信息交换与通信，实现人与物相连、物与物相息[12]。在一定程度上，物联网是泛在计算技术和其他技术（如智能感知技术）相结合的产物。目前，物联网技术正在逐渐改变我们的生活，也在改变一些组织的运营模式。例如，在进入农贸市场的猪肉安装电子芯片，可以跟踪猪肉产品的生产、加工、批发和零售过程，从而建立食品安全追溯系统，保证猪肉等农副产品的安全[13]；将物联网技术应用于智能交通，就有了现在的交通信息服务系统、公共交通系统、车辆控制系统、紧急救援系统等，从而实现对交通运输的实时、准时、高效的管理与控制[14]；对于一些物流企业，物联网技术的应用将促进其转型升级，包括制造物流环节的准时配送、运输物流环节的智能调度、仓储物流环节的高效库存管理、销售物流环节的主动式和敏捷反应等[15]。可以期待的是，一旦完全实现低成本的物物相连，那么整个国家的企业、产业和经济系统都将进行物质资源的重新优化配置，从而大量的节约资源存储与运输成本，提高物质资源的利用效率，带来巨大的价值增值机会。

（二）泛在知识环境将悄然引导客户消费模式的变迁

在泛在知识环境下，客户能够获得更多的产品、服务信息，他们也能更为便捷、舒适、挑剔地选择产品与服务；客户还能通过发表评论、相互推荐等对产品使用情况进行及时反馈，对其他客户的产品选择产生巨大影响。此外，客户之间除了能够共享产品与服务的信息以外，甚至可能共享产品和服务本身（如拼车服务、合租住房等）。在采购行为上，客户的偏好可能向两个极端方向更加深入地发展：一方面，一些客户为了个性化需要，会选择个别定制和特殊采购；另一方面，一些客户可能从节约成本的角度，会选择团购等去个性化行为。由于泛在计算、物联网、人工智能等技术的发展应用，未来的客户消费模式可能会越来越倾向于自助方式（如现在已经存在的自助餐厅、自动取款机、自助收费站等），在保证客户便捷的前提下尽量满足不同偏好的客户需求。

（三）泛在知识环境将带来企业与客户的关系演化

由于泛在知识环境的影响，未来的企业与客户之间的关系，既可以说是愈加复杂，也可以说是愈加简单。愈加复杂主要体现在：从企业角度，企业要面对的客户数量会越来越多，客户的个性化偏好越来越强，客户的服务水平愈加高要求，客户的可选择范围越来越大从而使客户的忠诚度更难维持；从客户角度，客户会面对越来越多的产品或服务选择，客户的信息获取能力和自助服务能力要求更高，客户与企业的距离更加亲近从而增加沟通管理上的难度。愈加简单主要体现在：随着信息的透明度增加，企业和客户的相互了解程度在增加，在完全信息下进行自主选择，会减少相互之间的很多麻烦。未来的企业只需要做好产品与服务，客户满意度和忠诚度自然会提高；未来的客户只需要做好产品和服务的自主选择，就能便捷地满足其自身需求。

面对这种企业与客户关系的演变，企业需要从两个方向来做出改进：第一，企业要利用泛在计算和物联网等先进技术，实现知识链、价值链、产业链的重组，从而降低产品成本，提高服务水平，最终提高产品或服务的市场竞争力；第二，企业要根据客户消费模式的改变，及时调整营销模式和策略，尽可能以最适合的方式满足客户需求，为客户提供最高满意度的营销服务。在一定程度上，这两个方向的改进都可以依靠泛在计算技术等来解决，因为它们的关键都在于信息资源、物质资源、渠道资源等各方面的高效率共享。依靠泛在知识环境打造全要素网络并促进全要素共享，将是未来经济发展的制胜法宝。

二、泛在知识环境下的全要素网络形成机理

人才、知识、物资、资金等资源是企业组织进行生产经营的主要生产

要素，它们的协同与转化是组织价值增值能力的实现手段。通过将这些要素变成能满足顾客需要的产品，就能进一步让产品转变为价值，从而实现价值增值。该价值增值过程的循环与持续运营能支持企业组织的可持续发展。因此，将这些生产要素组织起来并协同运营，是企业组织经营的关键所在。促进生产要素的快速流转与优化配置既是企业组织生产效率的保证，也是组织资源利用效率和利润率的保证。

（一）泛在知识环境下的四网融合

在《基于四网融合的产业升级与新兴产业培育研究》一文中，课题团队已经提出了四网融合的理念，认为价值网、知识网、社会网和物联网的融合能够有效促进资金、知识、人才、物资等生产要素的相互协调与相互转化，从而对产业经济的可持续发展起到重要的促进作用，也有利于传统产业升级和新兴产业培育[7]。但是，在该文中仅提出这种理念，而对于实现技术以及在网络融合后如何支持要素资源进行流转则缺乏深入的剖析。本章在该文理论基础上进一步明确泛在知识环境和相关技术的支持作用，说明四网融合的技术实现过程。

首先，有必要将知识分为陈述性知识（元知识）和可操作性知识（工具性知识）。陈述性知识可以对任何事物进行属性描述，可操作性知识则用来指导作用程序和操作步骤。在泛在知识环境中，由于无处不在的泛在计算技术和相关设备平台，就可以给所有的生产要素（包括有形的物质资源、人力资源和无形的技术与知识资源等）都用陈述性知识加以描述刻画，从而变得可以显性化和立于信息交流。其次，再利用泛在计算技术，在可操作性知识的指引下，有供给和需求的主体就可以快速方便地进行生产要素资源的获取、交易和共享，从而使得生产要素得以流动和提高利用效率。泛在知识环境能够充分发挥知识网的作用，将知识网的功能延伸到对物质资源和人力资源等进行描述匹配，从而提升物联网和社会网的功能与价值。在一定程度上，物联网就是知识网嵌入于互联网并应用在物质资源的互联互通上，这也是物联网的建设原理和发展潜力所在。通过泛在知识环境，知识网（承载信息与知识资源）、物联网（承载物质资源）和社会网（承载人力资源和关系资本）就能联系在一起，相互支撑、相互促进，形成一个更为系统和有效的网络，为企业组织生产经营带来全新的发展模式。

泛在计算技术能有效实现网络中生产要素资源的优化调度，从而降低要素获得成本，提高要素使用效率。在此有必要引入目标性知识的概念。在产业经济中，有很多的企业组织作为基本决策单位，以利润最大化为理性目标进行生产经营管理决策。换言之，就是要使价值增值能力最优化。与此决策相关的知识就是目标性知识。企业组织要根据该知识，以价值网的延伸与整合为手段，做两个方面的事情：其一，增加价值网每一环节的收益水平；其二，降低价值网每一环节的成本。但如何才能将这两方面做到极致？传统的企业依靠管理者才能、关系资本等在其有限的网络结构中尽量做到优化，寻求满意解；而在泛在计算技术的支持下，则能够利用无处不在的泛在计算技术，在全息网络中实现最优解，从而将价值网的价值增值能力实现最大提升。根据价值网的价值增值目标，企业组织需要做出的具体决策包括：自制还是外包；从哪种途径购入原材料；人力资源应该如何配备；资金如何高效利用；合作伙伴怎样选择、销售网络如何布局、销售团队如何建设、广告资源如何利用；等等。这些决策的目标都是围绕最低成本的生产要素调度配置或者最高效率的产品服务流通销售而展开。价值网起着目标引领作用，是四网融合中的上层导向型网络。泛在知识环境中的四网融合过程可总结归纳如图3.1所示。

（二）基于四网融合的全要素网络形成

在传统的产业经济环境中，四种网络不仅存在着沟通障碍，甚至在网络内部还存在着一定的连接局限性，使各种生产要素资源存在着较大程度的共享困难，影响了要素的流动性和利用水平。泛在知识环境使任何经济主体都能够更加便捷地获得一些信息和知识，而泛在计算技术则能够为经济主体提取、辨识和有效使用知识辅助决策提供支持。泛在知识环境下的四网融合，能够依靠价值网的目标引领作用、知识网的核心带动作用，整合资金、知识、人才、物资等生产要素的流转环节，促进渠道建设与要素共享，加强产业链之内和之间的联系与合作。

当然，四网融合还不能算是完成了全要素网络的构建过程。毕竟，此时四种网络是相互分离的关系，还需要依靠网络连接和映射关系来保持网络畅通。真正的全要素网络应该是一体的，能够将所有的要素资源通过一个网络就实现连接，从而可以利用泛在计算技术实现更为高效的布局、配置和优化，提高产业价值增值能力。

在全要素网络中，所有的生产要素都可以生成知识标签。知识标签中包括描述性知识和可操作性知识两种。描述性知识主要是对该要素的名称、功能、特性等进行描述；可操作性知识主要说明该要素的当前隶属关系、是否可共享、可获得渠道等。举例说明如下：人力资源：张三（描述性知识：张三，印刷工人，能熟练操作全自动丝网印刷机等先进印刷设备；可操作性知识：北京昌平区，红星印刷厂，闲置转岗状态，联系方式）。同样，任何生产要素（包括知识要素本身）都可以通过这种方式进行标签识别，其技术主要由电子标签、智能传感器、管理信息系统、互联网等支持。然后，就可以利用物联网将这些生产要素联结在一起，形成全新的、全息的泛在网络。最后，利用泛在计算技术就可以实现生产要素的智能抽取和生产经营的智能决策与管理优化。基于四网融合的全要素网络如图 3.2 所示。

（三）全要素网络中的生产要素流转模式

在全要素网络中，所有的生产要素资源都被贴上标签，并以虚拟资源的方式存储在互联网大数据中，此时的互联网其实在一定程度上已经具有了物联网的功能。然后，依靠泛在计算技术，能够根据优化算法随时搜索满足需求条件的资源，并进行重组整合，发生实质性的共享与资源利用，从而完成组织运营与产品生产。在该过程中，生产要素存在两种形态：一是网络中的虚拟形态，以知识标签的形式体现；二是现实中的物质形态。

第八章　泛在知识环境下的全要素网络形成与大产业整合战略构想

两种形态的生产要素是存在联系的，当物质形态的生产要素状态发生变化时，虚拟的知识标签也随之动态地发生变化；而当虚拟知识标签在泛在计算时实现供需匹配时，现实的物质资源也能迅速到位，供应现实世界的生产需求。此处通过组织和运行两个方面来分析全要素网络中的生产要素流转模式。

1. 组织模式

在泛在知识环境的作用下，未来的经济将具有更多的虚拟特性，企业组织将更加无边界化，虚拟组织具有发展的潜力与空间。由于各种资源都可以通过泛在计算从全要素网络中比较便捷地获得，那么就应该会有很多组织出于成本、库存风险、资金效率等方面的考虑，而选择不投资于任何的生产要素资源，而是与其他企业组织进行共享的方式组织生产。事实上，这种生产组织模式现在已经存在，如外包业务、第三方库存等，只不过当物联网和泛在计算技术应用得更加广泛时，企业组织将能够在这种组织模式下走得更远和更彻底。部分企业组织将彻底地从物质形态的资源调度与产品生产中解脱出来，而专注于虚拟过程管理、产品开发与设计、虚拟营销渠道建设等方面，向完全的虚拟经济形态演化。当然，也会有一些企业组织走向专业的分包业务方向，通过调度、共享和业务分包，向其他组织提供专业的要素供应与产品生产服务。技术联盟、生产联盟、市场联盟、物流联盟等各种虚拟组织将要盛行，以满足这种资源共享的组织需求。但无论哪种组织类型，其组织都将更加虚拟和无边界，其合作关系将更加具有动态特征。在这种组织形态下，生产要素就随着网络中节点间的供需关系而动态匹配和流转，在高频率的使用下实现价值增值能力的最大化。

2. 运行模式

在全要素网络中，任何一项生产要素都是一个独立的"反应体"（Agent）。在泛在知识环境中，Agent向环境中发布自身的知识标签，同时也接受来自周围环境中的知识和信息，如果发现环境中的需求与自身可以匹配时，就能够触发共享模式，可以开始沟通与协调，进而安排现实中的生产要素资源共享。如果有多个条件同时触发共享模式时，泛在计算技术会自主计算，推荐更具效率的共享渠道，然后 Agent 主体再根据实际情况进行共享决策。一个企业完成生产组织需要同时进行很多 Agent 的资源匹配与共享，同时其自身拥有的闲置资源也可以在泛在知识环境中进行较为独立和自由的共享利用。生产要素的对接、共享与流转被分解为两个相对独立又相互联系的过程：虚拟知识标签的匹配与沟通、现实要素资源的流动与共享。

三、基于全要素网络的大产业整合战略

在泛在知识环境下，当企业组织和企业间组织都虚拟化的同时，产业也会发生重大的变革。产业边界将变得模糊，不同产业之间只要有相同的要素供给或需求、相同的技术、相同的市场等，只要能够发生交叉，就有可能实现要素的供需匹配和互利共享，从而开展合作。一旦这种交叉合作关系在不同产业间都大量存在时，产业的边界也会变得模糊，企业组织的产业隶属关系特征也就不再显著——一个企业可能在不同产业都能开展业务合作，其产业隶属关系是动态的。而当这种模式变为常态时，就意味着大规模的产业重组与整合也将到来，产业间的互相交叉、合作、重组、兼并也时时发生，小产业将模糊和消失，而大产业时代就要到来。

（一）大产业整合战略的本质：产业经济一体化发展

其实，大产业并不是我们新提出的概念。早在 20 世纪 90 年代，哈佛商学院的波特教授就提出了产业集群的理念，要利用区域和领域优势将有一定关联的产业和企业聚集起来，推动专业化生产要素的优化集聚，从而共享环境与资源，降低成本，提高综合竞争力[16]。此处的大产业就有产业

集群相似的特征,也就是要将具有一定联系的多个产业连接在一个要素网络中,实现要素资源的聚集与共享。只不过过去由于技术原因和物理空间局限性,使区域聚集比较重要;而在泛在知识环境和虚拟经济模式下,物理空间局限性将减弱,要素资源共享的范围可以更广更深,从而资源共享所形成的优势也将更大。这就是大产业的本质特征,不在于规模的实际大小,而在于多个产业的虚拟聚集和合作经营。

2014年,在浙江省的"两会"上有人提出大产业的说法,认为"大"主要包括四个方面:意义大、动力大、市场大、效能大[17]。这种看法不乏一定的创意,至少有了通过产业整合将多个产业合并成一个产业做大做强的想法。经济一体化的概念从20世纪40年代就被提出,但到目前为止,也主要是指全球经济一体化或区域经济一体化,应用于国家、区域之间的经济合作与互助等[18]。本章将此概念引入产业领域,认为应该通过产业整合,实现产业经济的一体化发展。通过以资源要素为纽带,依赖全要素网络实现各方面资源要素的共享,从而增加产业集群的整体竞争力。进而以此为动力,积极寻找产业间的交叉合作机会,进行以资源共享和价值共创为合作目标的产业整合,开创全新的大产业发展模式。此时的大产业,其"大"的特征主要体现在:规模大、市场大、潜力大。一个区域可能不需要有很多的产业,而只需要将重点放在具有优势的少量大产业上即可,努力将它们打造成千亿元产业甚至万亿元产业,这应该是未来区域经济发展的方向。

(二)大产业整合战略的前提:产业的共性与个性

过去,有个应用非常广泛也非常重要的概念:共性技术。共性技术(如纳米技术、太阳能技术等)能够被很多领域共同采用,对多个产业产生深刻影响,从而产生巨大的社会效益和经济效益[19]。同样,也有基础装备、多功能设备、市场集聚、资金拆借、人才借调等概念。这意味着产业经济系统中很多要素都是可以互通有无和互助共享的,包括人员、资金、技术、设备、市场、客户等各个方面。也就是说,即使产业隶属关系不同,产业之间也具有很多的共性,这些共性为它们提供了合作和一体化经营的基础;当然,它们之间也各具个性,这些个性使它们具有各自的行业特征,也是它们相互区分和避免过度竞争的关键。在避免竞争但又有合作动力的前提下,多个产业进行价值网、知识网、物联网和社会网的整合是完全可行的;全要素网络形成后,大产业也就能重组和整合成型。因此,大产业整合战略就是要发扬和利用产业之间的共性,通过共性资源的集聚与共享形成大产业联合的扭力,同时又发扬它们的个性,通过个性特征赢得市场竞争优势,从而将产业做大做强,让大产业名副其实。

(三) 大产业整合战略的关键:全面的知识与信息共享

大产业整合和运行要依赖于环境(泛在知识环境)、硬件(泛在计算技术)和软件(全要素网络)等各方面的支持。在这些支持条件中,其实又都围绕着知识网而运作。大产业整合是知识与信息驱动的:依靠知识引导进行资源要素的对接匹配与共享、依靠知识引导不同企业的组织与经营、依靠知识引导企业和产业之间的动态合作、依靠知识让网络中所有的要素和经济主体都能并行不悖。全面的知识与信息共享是大产业整合战略的关键,只有当所有的主体都能及时地依赖于泛在知识计算迅速地获取所需要的资源要素,自身闲置的资源要素也能迅速被共享利用时,大产业内部的合作关系才能维持稳定,企业组织面临的风险也才是可控的。因此,要想推动大产业整合战略,必须首先进行泛在知识环境、全要素网络的建设,在物联网、知识网等各方面的软硬件上进行开发与建设。

(四) 大产业整合战略的作用点:有形生产要素资源的共享

知识管理理论经过近 20 年的发展已渐趋成熟,然而在企业经营实践中,却对知识管理的应用效果褒贬不一:一些高新技术企业、知识密集型企业可能在知识管理应用上取得一定成效;然而制造业、农业等产业却难以开展知识管理实践[20]。这是因为,知识管理虽然具有辅助日常管理和组织经营的功效,但却并不能直接作用于任何实际的要素使用和生产制造环节；它能通过有效地组织管理提高生产效率，但却无法提高组织本身在生产要素利用上的能力。因此，必须上升到有形生产要素资源的共享和管理，才能充分发挥知识管理的功效，让知识引导生产要素流动，提高生产能力与效率，形成新的价值增值源泉。大产业整合要共享有形生产要素资源，前提是要建设全要素网络，确切说是要强力打造全要素网络的构成部件之一的物联网，利用物联网技术、信息管理系统以及快捷物流等新兴技术，为有形生产要素资源的快速低成本流动与共享提供保障。有形生产要素资源共享的规模、范围、效率、成本等决定了大产业整合的边界。共享水平越高，整合后大产业运行的效率就越高，组织成本相对越小，根据科斯定理，此时的大产业规模就可以越大。

（五）大产业整合战略的难点：产业链间关系网的整合

在大产业整合战略中，有形生产要素资源的共享还不是最难的，因为只要物联网技术、泛在计算技术发展到一定水平时，就都可以通过基础设施建设来保障。大产业整合战略真正的难点在于那些无形资源的整合，或者说是关系资源、社会资本的整合。社会资本理论将社会关系网络、互惠性规范和信任等认为是组织的一种资本要素，能对组织的生产经营和竞争力产生重要影响[21]。在产业经济系统中，存在着复杂的合作关系，已经有了一张关系网。现在要进行大产业整合，势必要打破原有的利益合作关系，进行新的关系整合与建设。这不仅要突破原有的利益阻碍，还要建立全新的互惠性规范和信任，这是比较难的。因为这些规范和信任的有效性完全取决于个人和组织的心理，而心理是最为复杂、多变和社会性的。虽然，在产业技术变革、利益价值驱使、合作重组风潮等多重因素的作用下，关系整合的障碍会小些，但要整合和组建能满足高效率实现全要素共享要求的关系网，还具有非常大的难度，需要较长的时间让其逐渐演化并优化。只有当关系网疏通理顺了，产业间的要素共享机制才能发挥作用，产业规模与效能才能提升，大产业才能真正取代小产业经营模式而成为区域经济发展中的主体。

(六)大产业整合战略的目标:价值网的价值增值能力提升

大产业整合,本身就是产业链价值网重组与重构的过程。根据波特的价值链理论,价值链中的活动和每一环节都应该能够创造价值,否则就没有存在的必要[22];同样,在大产业整合的价值网重构过程中,每一价值链的连接与组合都应该能够带来价值增值,否则就没有整合的意义。通过大产业整合,要使整合后的每一个产业链环节都能带来新的价值增值机会,从而为产业实现价值增值能力提升做出贡献。无论是泛在知识环境的营造、物联网的建设,还是知识网与关系网的经营,都应该以价值网中的价值增值能力提升为目标,通过泛在计算,寻找最优的产业整合路径,实现大产业一体化和精炼化,提高产业运营能力与效率。由于每个区域每个产业都具有自己的独特特征和环境,因此,在具体的大产业整合过程中应充分发挥各种因素的影响,顺应价值网中的价值流向,让大产业顺应民情与经济规律地融合和发展起来。

四、泛在知识环境下大产业整合战略的落实

大产业整合战略的落实需要一个长期磨合、重构与优化的过程。在此过程中,传统产业可能会不适应这种新型的产业组织模式而需要升级改造,也可能会发现在产业链连接和重组时需要有一个起衔接作用的产业会更好,由此催生新的产业。这些传统产业和新兴产业在全要素网络的作用下,会进行更大规模的重组和优化,形成更大的合力和更强的竞争优势,产业链重组也会催生全新的经营组织模式。当这些新老产业都能适应泛在知识环境的技术条件和价值诉求时,它们就能因为各种网络(知识网、价值网、社会网和物联网)的纽带联结作用而产生协同效应,从而推动整合

第八章 泛在知识环境下的全要素网络形成与大产业整合战略构想

后大产业的一体化发展。

（一）泛在知识环境下的传统产业升级

我们提出了四网融合下的两种产业升级模式，即壮大式升级模式和转型式升级模式。课题团队认为通过四网融合，传统产业能够具有更高效率，也会更加重视产业内外的合作，因而可以起到发展壮大传统产业的效果；同时新技术、新知识在传统产业中的应用以及产业间竞争强度的加剧，又会使传统产业必须对自身进行变革，从而实现产业的转型升级[7]。这两种传统产业的升级模式能较好地归纳传统产业的升级路径。

泛在知识环境为传统产业升级带来了挑战和机遇。一旦泛在知识环境成型，物联网技术开始广泛应用，如果传统产业仍旧坚持使用传统的方式进行生产调度和市场营销，则势必被新兴的供应链物流模式和客户采购消费方式所淘汰。在泛在知识环境下，新型的组织有更加丰富的供应链渠道，有更加具有效率和低成本的物流运输渠道，有更加多样化的生产要素来源渠道和组合选择，再结合高效的泛在计算与调度优化，势必能大幅度地降低成本和提高效率。此时，在竞争压力和行业影响下，传统产业只有采取同样的竞争手段才能保持竞争优势，由此引导传统产业进行升级改造[23]。另外，未来客户的采购和消费行为将越趋依赖网络，从以前的网络提供产品信息，到现在的网上购买和消费，再到未来电商替代大部分的传统零售业。传统产业只有将其销售渠道逐渐由传统渠道改为网络渠道才能更好地符合客户消费方式，更好地为客户提供产品和服务。随着泛在知识环境以及相关技术的应用，未来的客户可能会参与到产品的设计、生产、运输等各个环节，与企业、产业存在更为直接和广泛的知识联系，在要素共享上也能做得更多，如直接与客户进行资金、设备、场地、信息的共享等。

泛在知识环境下全要素网络的形成也能为传统产业升级提供各种技术支持，使升级改造工作得以完成：价值网重构有利于传统产业价值链的延伸和价值增值能力的提升；知识网的引入和应用会逐渐改变传统产业的组织与运营模式,提高管理效率;社会网的完善则能够让传统产业与新兴产业发生联系,从而互助合作,在合作过程中逐渐改造传统产业经营模式;而物联网则能够将传统产业的进货物流和出货物流发生翻天覆地的变化。全要素网络形成后,传统产业发现新的组织与经营模式将能大大提高能力与效率,也会发现如果墨守成规将逐渐被社会和市场淘汰,而新兴技术和全要素网络的应用则有利于保持其竞争优势。而且在全要素网络中,为了相互间的生产要素共享能力和效率达成一致,不同的传统产业之间也需要相互学习、磨合和适应,在这个学习和共享过程中,传统产业在发生动态演变,实现自然地转型升级。

(二) 泛在知识环境下的新兴产业培育

同样,我们还提出了四网融合下的四种新兴产业培育模式,即缝隙填补模式、网络互补模式、服务强化模式和效率领先模式。课题团队指出,当四种网络融合在一起时,就能发现网络中出现的"缝隙"或"空洞",这对于产业经济而言无异于是蓝海或新的生态位[7]。这些生态位的存在意味着完全可以为全新的产业提供生存空间与利润源泉,因此,区域政府就可以从中发现和培育新兴产业,并促使新兴产业与传统产业进行产业链整合,形成更具效率与能力的产业集群,为区域经济发展带来新机遇。

在泛在知识环境下,无处不在的知识与信息、无处不在的泛在计算,将更有利于发现产业经济系统中的空白或薄弱环节,而且还可以利用泛在计算技术仿真模拟从而提出最优的产业生态新建与补偿方案,实现新兴产业与传统产业的无缝对接,这样既保障新兴产业的发展空间,又促进新兴产业与传统产业的协同发展。而且,在传统产业的转型升级时期,总有一些传统产业会面临发展困境,它们并不是被新经济所淘汰;相反甚至可能是基础产业,关系到国民经济和社会生活的根本。这些传统产业缺乏的是一个能起到衔接、带动作用的产业,能在新兴产业和传统产业之间架起一座沟通的桥梁,能迅速带动传统产业的发展。那么,此时,就有了发展这个"桥梁"产业的空间。

第八章　泛在知识环境下的全要素网络形成与大产业整合战略构想

举个例子，传统农业是保障我国国民食品安全的基础产业，但发展过程中经常存在生产与消费市场不匹配的问题，根本在于缺乏一个有效的专业型快速农产品物流与配置行业，如果能够大力发展这一行业，那么就能够实现山沟里的新鲜农产品与城市餐桌的高端消费对接起来，为有机绿色农业打开一个全新的发展局面。中国当下的物流行业其实发展得非常迅速，但是还有经常出现农民的新鲜果蔬烂在地里的报道，就说明农业发展与城市消费市场还缺乏完美对接，快速物流与农产品市场配置还存在问题，而这个问题的关键在于供需信息的实时对接和物流运输的高效率，这两个方面在泛在知识环境和全要素网络下都能够良好地得到解决[24]。

（三）泛在知识环境下的新老产业链重组

中国的现代化市场经济体系才建立不过几十年，产业结构本来就不健全。经过了以农业为主体的经济、以发展重工业为主体的经济、以强调第三产业为核心的经济以及发展高新技术产业和新兴产业为目标的经济道路之后，产业结构更是庞大而混乱。有一直存在的传统农业、传统重工业（如东北老工业基地），也有最近10年内大力发展起来的新兴产业（如创意产业、光伏产业、现代绿色农业等）。这些产业同时在市场经济中竞争与合作，不仅带来了经营模式上的碰撞，也带来了文化、理念、价值观等各个方面的改变与思考。有时，产业间能相互包容与合作，进行产业价值链的对接与延伸；然而，有时又会互相冲突，发生产业上的更替与兴衰。中国既要发展传统的基础产业，以保障国民生产生活的安全；同时又要发展新兴产业，依靠知识经济来带动国家技术进步、经济发展和综合竞争力提升[25]。对接传统产业和新兴产业，让它们重组和再生，削弱冲突并促进协同，将有利于国家经济的可持续发展。因此，新老产业链的重组极为重要。

在泛在知识环境下，知识网的快速信息传播作用将有利于不同产业间实现信息的传播、扩散与共享，这就为产业间的合作与重组提供了条件。当产业间合作能够实现更高能力的价值增值时，就能激发新老产业间以优势互补为原则的资源共享和经济合作，产业链重组就有了动力。而在物联网技术支持下，新兴产业能够充分利用传统产业在技术、设备、土地、人力等方面的积累性优势，传统产业则可以借助新兴产业在现代技术、新兴市场等方面的优势，进行强强联合。当软硬件条件都逐渐成熟时，就能在各方的共同意愿下，进行关系网的整合，将条件、意愿、动力转化为行动，实现实际意义上的产业链延伸与重构，融合并衍生出全新的大产业，发挥产业整合的协同效应。在产业链重组整合过程中，全要素网络则是产业运营与发展的内在基础：当外在表象是产业链、价值链的重组整合时，内在本质是各种资源、要素与渠道的整合。当资源与要素在渠道作用下实现优化配置时，不仅诞生和健全了全要素网络，更提高了大产业的运营能力与效率，促进了大产业的经济可持续发展。

（四）泛在知识环境下的产业协同与一体化发展

在泛在知识环境下，大产业整合战略的最后一步是由新老产业链局部层面的重组上升到全网络层面上的产业协同和一体化发展。产业协同是指不仅在上下游产业链，在横向产业链、相关产业链等方向上也要做到信息协同、资源协同、管理协同和市场协同，从而做到生产环节与销售环节的对接、供给与需求的匹配，缩短产品从企业到客户的时间与空间距离，降低成本，提高效率。产业的一体化发展是指要在硬件上通过泛在技术设备、在软件上通过全要素网络，将所有的产业整合到一个网络环境中来，以利于各种有形、无形资源要素的共享和利用，从而辅助产业协同发展，促进区域经济的一体化。

信息协同就是要通过泛在知识环境为存在产品交易关系、要素共享关系、服务提供关系等各种关系的产业经济主体提供一个具有相对完全信息的知识系统，利用这些信息能够为产业间的各种共享和交易提供对接与沟通服务，从而降低交易成本，提高市场效率。资源协同是要将所有产业的资源都整合到一个能够共享的环境下，利用泛在计算技术优化资源配置，从而促进有形资源的流动，提高资源的利用效率。管理协同是希望能通过

第八章　泛在知识环境下的全要素网络形成与大产业整合战略构想

泛在知识环境和全要素网络，优化产业经济组织的发展环境，促进产业经济的统筹管理与自组织管理，强化产业的核心竞争力。市场协同是要依靠市场经济规律将所有的产业联系起来，依靠供给和需求关系，在泛在知识环境的技术支持下，实现要素、资源、产品和服务的高效流转和提供，从而满足不同层次客户的当下需求和潜在需求。

五、本章小结

共享与整合将是未来经济与社会发展的"标识"。从信息共享，到知识共享，再到可能的物质资源共享，每一步共享都意味着效率的大幅提高；从信息整合、流程整合、人才整合，到团队整合、组织整合、产业整合，每一次整合都代表着生产力和生产关系的演进。随着经济发展，各种基础设施建设逐渐健全；随着技术进步，各种高新技术得以迅速发展和应用。知识管理和高新技术为我们开创了知识经济时代，物联网技术的应用必然会将知识经济深入嵌入传统经济中，将当下的经济组织模式进行彻底的变革[26]。在泛在知识环境下，所有的事物都能映射到知识空间，再经过知识网和物联网的整合与转化，实现各种生产要素资源的快速流动、优化配置、共享和利用。这种理念一旦成为现实，必然会带来一场文化与管理组织层面上的重大革新。本章前瞻性地提出全要素网络的理念，也战略性地提出了大产业整合的构想，无论是在理论上还是在实践上均具有重大意义，为我国产业经济可持续发展开启了一种新的认知视角和发展方向。当然，本章的研究是一种理论上的探索性研究，未来还需要深层次的开展更多的探索，需要有更具体的行业案例研究和实证研究等，这也是未来的研究方向。

本章参考文献

[1] 张林,唐艳萍.知识经济背景下国际产业转移研究新趋势[J].东南亚纵横,2010(6):101-105.

[2] 喻登科,涂国平,陈华.战略性新兴产业集群协同发展的路径与模式研究[J].科学学与科学技术管理,2012,33(4):114-120.

[3] 谢剑敏.泛在知识环境下高校数字图书馆发展的困境与对策[J].情报理论与实践,2015,38(3):45-48.

[4] Sorin Adam Matei, Eric Wernert, Travis Faas. Where information searches for you? The visible past ubiquitous knowledge environment for digital humanities [C]. 2009 International Conference on Computational Science and Engineering, Vancouver BC, Canada, 2009: 1043-1047.

[5] Jeffrey Hightower, Gaetano Borriello. Location systems for ubiquitous computing [J]. Computer, 2001, 34(8): 57-66.

[6] El-Bishouty M M, Ogata H, Rahman S, Yano Y. Social knowledge awareness map for computer supported ubiquitous learning environment [J]. Educational Technology & Society, 2010, 13(4): 27-37.

[7] 孙德忠,周荣,喻登科.基于四网融合的产业升级与新兴产业培育研究[J].科技进步与对策,2014,31(7):48-53.

[8] 姜永常,金岩.泛在知识环境的产生机制与发展趋势[J].情报杂志,2009,28(7):121-125.

[9] 张歆爽.一种物联网资源共享平台的数据建模与实现[D].北京:北京邮电大学硕士学位论文,2012.

[10] Jin Zhuwan. A study on development and management of content industry from ubiquitous environment [D]. Doctor Thesis in Zhejiang University, UMI Dissertations Publishing, 2008.

[11] 周文豪.泛在计算与泛在网[J].射频世界,2010(2):7-8.

[12] 孙其博,刘杰,黎羴等.物联网:概念、架构与关键技术研究

综述 [J]. 北京邮电大学学报, 2010, 33(3): 1-9.

[13] 邢志卿, 付兴, 房骏等. 物联网技术在现代农业生产中的应用研究 [J]. 农业技术与装备, 2010(8): 16-17.

[14] 李野, 王晶波, 董利波等. 物联网在智能交通中的应用研究 [J]. 移动通信, 2010, 34(15): 30-34.

[15] 左斌, 姚瑶. 物联网时代物流企业的转型升级 [J]. 企业管理, 2010(7): 96-98.

[16] Porter M E. The competitive advantage of nations [M]. New York: Free Press, 1990.

[17] 刘亭. "大产业"新论 [N]. 浙江日报, 2014-01-22.

[18] 孟庆民. 区域经济一体化的概念与机制 [J]. 开发研究, 2001(2): 47-49.

[19] 操龙灿, 杨善林. 产业共性技术创新体系建设的研究 [J]. 中国软科学, 2005(11): 77-82.

[20] 常荔, 邹珊刚. 知识管理与企业核心竞争力的形成 [J]. 科研管理, 2000, 21(2): 13-19.

[21] 张文宏. 社会资本: 理论争辩与经验研究 [J]. 社会学研究, 2003(4): 23-35.

[22] Porter M E, Kramer M R. Creating Shared Value [J]. Harvard Business Review, 2011, 89(1): 62-77.

[23] 许南, 李建军. 产品内分工、产业转移与中国产业结构升级 [J]. 管理世界, 2012(1): 182-183.

[24] 上创利, 赵德海, 仲深. 基于产业链整合视角的流通产业发展方式转变研究 [J]. 中国软科学, 2013(3): 175-183.

[25] 陆立军, 于斌斌. 传统产业与战略性新兴产业的融合演化及政府行为: 理论与实证 [J]. 中国软科学, 2012(5): 28-39.

[26] 张军杰, 杨铸. 我国物联网产业发展状况、影响因素及对策研究 [J]. 科技管理研究, 2011, 31(13): 26-29.

第九章 全要素网络理论对江西省推动产业经济发展的启示与建议

我国产业经济发展遭遇着传统产业转型升级的挑战,也面临着新技术、新经济发展的机遇。在这种复杂形势下,有必要探索江西省未来产业经济发展的新趋势与新思路。而事实上,无论是当前商业模式创新还是产业技术变革的方向都指向了全要素共享。全要素共享能为产业经济发展带来新红利。依托全要素网络,打造全要素共享平台,建立健全产业互联的全要素共享机制,实现省级层面的全要素共享,是江西省传统产业转型升级、新兴产业培育与发展、产业集群形成与演化的新驱动力。通过全要素共享促进产业集群式发展,并推动其向大产业方向演进,将是未来我国产业经济发展的必然趋势,也是江西省走在产业变革前列,依托产业经济实现进位赶超目标的重要机遇。

一、产业经济发展面临的新形势

(一)江西省产业经济发展遭遇挑战

"十二五"以来,江西省经济加速发展,在大力培育发展战略性新兴

第九章　全要素网络理论对江西省推动产业经济发展的启示与建议

产业和深化供给侧结构性改革的战略引导下，实现了 GDP 年均 10.5% 的增长。然而，江西省经济快速发展的背后也有着巨大的隐忧：第一，江西省传统支柱产业如煤炭、钢铁、有色金属、建材等面临产能过剩、价格下挫的危机，严重拖累了工业的复苏；第二，房地产价格居高不下，财政经济发展对建筑业、房地产业形成依赖；第三，虽然新能源、新材料、电子信息等战略性新兴产业蓬勃发展，但体量尚小，难以对整个江西省的经济可持续发展形成有效支撑；第四，虽然在民间资本引入、创新创业支持等方面有所进步，但相对于其他发达省区市，在新产业、新技术、新商业模式的开拓方面仍旧差距巨大。总体而言，江西省经济面临着传统产业转型升级动力不足而新兴产业发展后劲不足的严峻形势。

（二）江西省产业经济发展存在机遇

在国家经济发展战略的引导和发达省区市新经济发展模式的带动下，江西省产业经济发展同时也存在着极大的机遇。第一，国家创新驱动发展战略和供给侧结构性改革策略的提出，为江西省产业经济发展指明了方向；第二，国家对战略性新兴产业、创新创业的大力支持，为江西省发展新技术、新产业和开拓新商业模式提供了动力；第三，共享经济理念的提出，为江西省发展共享型新经济提供了理论指导；第四，大数据、互联网、物联网技术的开发与应用，为产业变革与商业模式创新提供了技术支撑；第五，我国电子商务与"互联网＋"产业的迅速发展，为江西省谋求新兴产业的培育与发展起到了示范性作用。总而言之，江西省进位赶超战略实现的关键，应是利用新技术、新商业模式寻求新产业、新经济的群体突破式发展。

二、全要素共享是未来产业经济发展的新趋势

（一）新商业模式的本质是共享型经济

在资源机会成本、库存管理成本、渠道维护成本日益提升的形势下，产业经济发展面临越来越大的考验。而与此同时，互联网技术、物联网技术的发展，则为这些产业经济实体提供了突围的工具，它们转而寻求利用网络技术来实现要素资源、产品库存和分销渠道的分布式管理，从而降低过程成本，提高响应速度，实现新的利润增长点。"互联网＋"产业发展的新模式事实上是共享型经济理念的一种体现与应用。例如，微商、网商经济的发展实际上是企业与个体之间共享产品库存、分销渠道与客户资源的结果；"互联网＋"医疗实际上是医院与病人之间共享信息资源的结果；微贷、互联网金融、众筹实际上是个体之间以互联网为平台共享资金资源的结果；而众创、众包等实际上是创造性人才资源共享的具体体现。江西省要发展新经济，落脚点还应在于推动要素、产品、渠道、市场的共享，落实共享型经济的发展。

（二）产业技术变革的方向是全要素共享

我国在产业技术发展方面取得了长足进步，也提出了各种产业技术变革的概念构想。然而，深入分析就会发现，这些有助于产业变革的新技术最终都指向了促进要素共享。例如，互联网技术在新产业发展中的应用为各种要素与产品的流通与共享提供了信息媒介；物联网技术的发展为未来更大规模、更多样化的共享物质资源提供了可能；云计算技术为要素资源的最佳配置与优化共享提供了保障；而商务智能技术的发展则为新兴技术

与商业模式创新提供了一个结合点,为要素的智能化供需匹配提供了支持。产业技术变革,一直指向更好、更快、更多的要素共享;利用共享扩大产能、利用共享促进流通、利用共享促进消费,是产业经济发展的必然趋势。

(三) 全要素共享能为产业经济发展带来新红利

所谓的全要素,是指在产业经济发展中需要至少四种类型的要素支持,分别是人力资源、物质资源、资金资源、知识资源。人力资源是创造者与生产者;各种物质资源的组合构成了生产要素集;资金资源是物质—价值转化环节中的关键一环,是通过生产实现价值增值的重要因素;知识资源是现代化生产中信息流转效率与高技术产品附加值的保障性要素。这些要素资源都具有价值且是稀缺的。然而,在实际的生产与业务安排中,不可避免地存在着要素资源闲置与不足同时存在的尴尬,而要素资源结构的调整又需要耗费时间与成本,此时,解决问题的关键是要素共享。通过要素共享,能够把闲置的要素资源重新利用,提高要素生产率;对于急需的要素资源,能够通过共享来快速获取并解决生产安排难题;更重要的是,在要素共享机制健全的情况下,产业经济实体能够对要素共享能力有比较乐观的预期,从而可以适度降低要素资源的库存水平,降低产品平均成本。以上种种都意味着要素共享能够为产业经济发展带来新红利。

三、打造要素共享平台的关键是要建设和依托全要素网络

(一) 全要素网络的概念与核心精神

全要素网络是一个将区域、产业集群范围内所有经济组织所需要的全

部生产要素资源，包括物质资源、资金资源、知识资源和人力关系资源，都容纳在一个统筹规划、管理和优化配置的框架内，从而实现要素资源的自由流转、和谐共享、最佳配置、高效利用的网络系统。全要素网络实际上是由物联网、价值网、知识网、社会网叠加与协同而形成的复合网络。全要素网络有两层结构：其一，它具有虚拟结构，是要素在虚拟空间的连接关系和流转网络；其二，它具有物理结构，是现实中生产要素的共享协作关系和交易网络。全要素网络的核心精神是通过虚拟的网络计算寻找要素资源的最佳配置、流转与组合方案，再映射到物理结构的网络中，指导并实现生产要素的共享与运营。

（二）打造省级全要素共享平台

在全要素网络理念的指导下，江西省有必要打造省级的全要素共享平台，为产业、企业之间实现高效的要素共享与组合利用提供支撑，为新经济发展创造机遇。打造省级全要素共享平台的关键步骤大致包括：首先，利用互联网和云计算等技术搭建平台框架；其次，建立产业、企业、个人层面的要素属性动态记录体系，为平台的后台运营提供数据库；再次，利用物联网技术提升要素资源属性数据的动态与智能化更新能力，保障平台数据的有效性；又次，建立产业、企业、个人层面的要素共享交易与利益分配制度，为要素共享的效率效果提供保障；最后，打造省级全要素共享平台的运营与维护团队，为共享平台的可持续、大规模利用提供支持。

（三）建立健全江西省产业互联的全要素共享机制

在依托全要素网络打造全要素共享平台的基础上，还要建立健全江西省产业互联的全要素共享机制，才能从体系制度上为贯通全要素共享业务流程提供软环境保障。首先，需要从经济效益、社会效益等多方面开发出全要素共享的价值，激发产业、企业、个人之间进行要素共享的内源动力，建立要素可持续共享的动力机制；其次，建立一般性生产要素、专业性生产要素、战略性生产要素的分类共享管理体系，通过协调组织与政策安排构建要素共享过程的运行机制；再次，在组织协调与贡献评估的基础上，结合合同管理、协商制度、第三方评估服务等多种方式，建立全要素共享的利益分配机制；最后，通过加强物联技术开发、社会网络关系优化、知识与智能计算技术发展、产业价值链整合等方式，构建全要素共享的保障机制。

四、利用全要素共享平台促进江西省传统产业升级与新兴产业集群式发展

（一）利用全要素共享平台促进江西省传统产业转型升级

传统产业升级主要有过程升级、产品升级、功能升级和链的升级四种类型。过程升级是指通过改善物流和生产过程，提高效率，降低成本，实现价值增值能力提升；产品升级是指通过创新和研发为客户提供新产品和新服务，从而扩大市场份额，提高客户满意度；功能升级是指通过价值链中位置的优化调整，让企业在价值链中处于更有优势的地位，置身高端价值链；链的升级是指转移向更具高附加值的新兴产业链，实现传统产业向新兴产业的转型，谋求新兴产业的高收益率。利用全要素共享平台，能够极大地改进生产要素获取方式，提高组织运营效率，降低库存、流通与销售成本，实现传统产业的过程升级；能够加强企业的技术创新能力与优化商业创新模式，有利于为客户更好、更快地提供产品与服务，促进传统产业的产品升级；能够让传统产业中的企业组织更加接近供应商与客户，让企业更具价值链优势，促进其功能升级；能够通过新技术与新经济将传统产业包装转型为新兴产业，实现传统产业在链上的升级。江西省在传统支柱产业面临危机的时候，要勇于尝试和敢于变革，以全要素共享平台建设

为契机，全面推动传统产业的转型升级。

（二）利用全要素共享平台促进江西省新兴产业培育与发展

全要素网络中的要素共享，会同时作用于生产力的提升与生产关系的优化。生产力的提升又表现为两个方面：其一，新兴技术的应用、生产效率的提升所带来的低成本优势；其二，新兴技术产品功能的开发和新型服务模式的提供，所带来的产品差异化优势。生产关系优化可分为产业网络内生产关系的优化和产业网络间新型生产关系的衍生与优化。这四个方面的改进都能催生出新的产业，对新兴产业的培育与发展起到支持作用。由此，可提出基于全要素共享平台的四种新兴产业培育模式：基于效率提升的新兴产业培育（如物联网与现代物流行业对传统农产品流通业的支持，催生出生鲜农产品流通产业）、基于产品差异的新兴产业培育（如智能手机行业是从传统手机行业中基于差异化竞争而剥离出的新兴产业）、基于内部关系优化的新兴产业培育（如农产品加工业与新兴食品加工业的整合，就有了江西省战略性新兴产业中绿色食品产业发展的基础）、基于网络关系延伸的新兴产业培育（如互联网产业向传统出租车行业的延伸，催生了滴滴、优步为代表的私家车共享产业）。江西省宜依托全要素共享平台，瞄准新兴产业的培育模式与路径，培育出符合江西省情、产业发展特色的新兴产业群，为江西省产业经济实力的整体提升创造机会。

（三）利用全要素共享平台促进江西省产业集群演进与发展

在全要素网络共享平台支持下，传统产业必然面临产业模式变革，进行适应性的转型和升级，激发新兴领域的需求，提供全新方式的服务供给，催生新兴产业。在传统产业升级、新兴产业培育的交叉作用下，新旧产业又会在资源、环境、能力、市场等各个方面整合聚集，充分发挥产业集群的聚集优势，促进一个个新兴产业集群的诞生与更替。逻辑上，全要素网络对产业变革的作用遵循以下过程：首先，互通力作用将网络内所有要素资源汇聚起来，实现虚拟意义上的互联互通，为要素资源现实中的共享利用提供条件；其次，利用要素资源的供需匹配与共享关系强化要素所有者之间的联系，企业组织可根据要素资源的供需匹配进行不断地资源配置与重组，实现以资源和能力协同为基础的协同设计、协同制造或协同营销等；最后，在市场需求稳定、持续的情况下，这种协同模式就有了长久存续的必要，企业组织之间的协同关系会更加密切和稳固，当这种协同关系固化为机制和产业链模式时，就催生出了一个全新的产业，多个新兴产业在虚拟或现实区域中的聚集衍生出了新兴产业集群。在江西省产业经济已经相对落后的情况下，跟随式地调整产业结构和培育战略性新兴产业，都难以满足进位赶超战略目标实现的需求。江西省应充分发挥全要素网络平台的作用，催生、培育并发展一个个新兴产业集群，让新兴产业以集群式演进与发展实现产业经济的整体飞跃。

（四）利用全要素共享平台施行大产业整合战略

在产业之间能够无障碍的要素共享时，企业组织和企业间组织都将逐渐虚拟化，产业也会发生重大变革。产业边界变得模糊，不同产业之间有相同的要素供给或需求、相同的技术、相同的市场等，只要能够发生交叉，就有可能实现要素的供需匹配和互利共享，从而开展合作。一旦这种交叉合作关系在不同产业间都大量存在时，产业的边界也会变得模糊，企业组织的产业隶属关系特征也就不再显著——一个企业可能在不同产业中都能开展业务合作，其产业隶属关系是动态的。而当这种模式变为常态时，就意味着大规模的产业重组与整合也将到来，产业间的互相交叉、合作、重组、兼并时时发生，小产业将模糊和消失，而大产业时代就要到来。根据全要素网络理论的预测，未来产业经济演化发展的方向正是大产业。江西省要走在产业经济发展的前列，有必要预见性地实施大产业整合战略，让自身在大产业的重组、整合与竞争中获胜。本质上，就是要利用全要素网络共享平台，实现多产业协同与一体化发展。

五、本章小结

以江西省为对象,探索将全要素网络理论引入实践指导的路径。本章在分析江西省产业经济发展新形势的基础上,提出全要素共享是其未来产业经济发展的必然趋势,而打造和利用全要素共享平台是江西省实现传统产业升级和新兴产业培育的关键。这一政策建议为江西省的产业经济发展道路指明了方向。

第十章　结论与展望

一、主要结论

中国已进入知识经济时代。在知识经济形态下，高效生产与利用知识，将知识转变为价值是经济发展与竞争优势的内核所在。在知识经济大环境下，本书致力于明确知识经济环境下价值、知识、关系、物质等资源整合的重要意义，强调知识生态对新兴产业群，尤其是具有知识密集特征的现代新兴产业群形成与演化的影响。本书将价值网、知识网、关系网和物联网相结合，构建四网融合的全要素网络模型，探索全要素网络的维力、虚实二象性和场态特征，并将其与战略性新兴产业群的形成与演化相融合，健全新兴产业群形成与演化的机理，对中国促进新兴产业可持续发展具有重要的理论指导价值。通过本书的研究主要得到以下结论：

（1）提出四网融合与全要素网络的基本概念，以知识经济环境为基础，构建以价值网为导向、以知识网为核心、以关系网和物联网为基础，整合社会关系资源、物质资源、知识资源和价值资源并促进其耦合互动的全要素网络模型。

（2）明确四网融合与产业经济发展之间的关系，探究四网融合下的产业升级与新兴产业培育的机理与模式；提出全要素网络中的要素共享机制，包括动力机制、组织协调机制、利益分配机制和保障机制等，并明确要素共享对产业经济发展的重要意义。

（3）提取全要素网络的维力特征，剖析全要素网络的互通力、群聚力和同步力，并探索它们对产业变革的影响；总结全要素网络维力作用下的新兴产业集群形成机理，包括互通力作用下的资源汇聚机理、同步力作用下的协同感知机理和群聚力作用下的泛在聚合机理。

（4）提取全要素网络的虚实二象性特征，提出产业集群的生成与演化取决于虚实相生和虚实替代两种作用关系。

（5）提出全要素网络的场态效应特征，研究产业网络的物理形态和虚拟形态以及它们的演化机理与交互作用。将场态效应对产业网络演化的带动作用分为六种模式，提出场态作用机制下的产业网络演化路径以及传统产业升级模式和新兴产业培育模式。

（6）阐述互联网环境对全要素网络运行的功能与作用，提出全要素网络维力作用下的产业集群生成机理，明晰产业集群生成的供给导向型、需求导向型、供给—需求融合型模式。

（7）构建农业生产中的全要素网络理论模型，建构全要素网络与"技农贸一体化"、"互联网+农户"三者之间的逻辑关系，提出三种"技农贸一体化"的模式以及"互联网+农业"可持续发展的四条路径。

（8）分析泛在知识环境下的全要素网络形成机理，提出大产业整合的战略构想。

（9）指出利用全要素网络理论指导新兴产业集群形成、演化和实现大产业整合协同发展的政策建议。

全要素网络的理论精髓是：在网络环境中，实现全部生产要素的共享、整合与利用，创新产业经济发展模式。根据全要素网络理论，我们预见性地认为：

（1）在未来的经济环境中，无论是个体、企业还是产业，都必须依赖全要素网络而生存。

（2）只有最大限度地共享和利用共享资源的组织，才能保持可持续发展，而发展的潜力由组织在全要素网络中的占位能力与共享能力来决定。

（3）当全要素网络与共享经济发展到一定程度时，由于所有的要素资源都能在不同产业之间自由流动与整合利用，所以产业之间的边界将被不断弱化，最终进入动态无边界状态。

（4）当产业链之间不断延伸与交互融合时，任何一个产业都不会是独立发展的。从国家立场，针对部分产业实施重点推进的策略已经无效，而应该从更加宏观的层面，促进细分产业向大产业的整合重组，实施大产业战略。

本书从资源要素整合与协同的视角探索产业集群形成与演化的机理，进而利用机理、规律和相关理论并与中国当前经济发展形势相结合，为中国新兴产业集群化协同发展提供理论指导，为促进我国产业经济、区域经济乃至科技、社会发展提供助力。

二、研究不足与展望

课题团队搭建起来的研究框架，概括起来就是"一项机制、两重背景、三类属性和四点专注"。一项机制，是指要素共享机制；两重背景是指泛在知识环境与"互联网+"；三类属性是指网络维力、虚实二象性、场态效应；四点专注则包括新兴产业培育、传统产业转型升级、产业集群生成与演化以及大产业整合。

当然，本书仍有较多不足之处，其中最突出的局限在于缺乏来自中国产业经济大样本数据的证据，所提出的大多数理论都停留在逻辑思辨阶段，而未能得到实践检验。但是，这也恰巧说明，沿着本书提出的全要素网络理论架构，未来还能做很多方面的研究工作。例如，针对全要素网络的案例分析、质性分析、实证分析、理论建模、技术开发及其在产业经济发展中的应用研究等。

与本书相关的学术论文发表情况

［1］孙德忠，周荣，喻登科．基于四网融合的产业升级与新兴产业培育研究［J］．科技进步与对策，2014，31（7）：48－53．

［2］喻登科，周荣．知识网络视角的产业集群研究述评［J］．情报杂志，2015，34（12）：200－206．

［3］喻登科，周荣．战略性新兴产业集群全要素网络模型及要素共享机制研究［J］．科技进步与对策，2016，33（3）：50－56．

［4］喻登科，周荣．全要素网络维力、产业变革与新兴产业集群形成［J］．科技进步与对策，2016，33（4）：51－60．

［5］周荣，喻登科．全要素网络虚实二象性与产业集群生成及演化机理研究［J］．科技进步与对策，2016，33（2）：64－69．

［6］周荣，喻登科．基于场态效应的产业网络演化模型——兼论传统产业升级和新兴产业培育模式［J］．科技进步与对策，2015，32（20）：62－68．

［7］姜睿清，喻登科，薄秋实．"互联网＋"背景下的全要素网络及产业集群生成机理与模式［J］．科技进步与对策，2016，33（21）：58－65．

［8］周荣，喻登科，刘显球．基于全要素网络的技农贸一体化与"互联网＋农业"可持续发展［J］．科技进步与对策，2018，35（10）：72－80．

［9］喻登科，刘静华，周荣．泛在知识环境下全要素网络形成与大产业整合战略构想［J］．科技进步与对策，2016，33（8）：55－63．

后　记

在前言中,已经把该说的都说完了。无论是感慨、牢骚还是感谢都已经表达清楚。余下的,也没有太多要说的话。但是,作为学者,还是想要画蛇添足地强调一点:学者,应该承担起相应的社会责任。2014年10月至2015年11月,本人访学澳大利亚,在昆士兰科技大学师从Jay Yang教授。出了国,有了比较,方才认识到中国的不足,但也同时切身感受到自己的爱国、爱家情怀。也只有在那时,才深刻体会到自己身上应有的责任,为了这份责任,应该努力学习与工作,应该更有担当与使命感。在澳期间,游览了澳大利亚著名的黄金海岸。坐在雪白细腻的沙滩上,有感而发,仿照古人撰写了一篇小文,希望与诸君分享。

原文如下:

时维六月,值澳初冬天气。虽风和日丽,犹乍暖还寒。卜一吉日,驱驰百里,抵此胜地。世皆爱其名曰:黄金海岸,冲浪者天堂。盖因海岸逶迤,不见边际;白沙漫堤,厚实细腻。更着波涛三尺,如炼似洗,冲浪者之钟爱也,来者云集。

余屡次至此。不为赏景,勿求怡情。惟久居斗室,难耐寂寞;故一时兴起,觅听海音。李太白尝语:古来圣贤皆寂寞。苏子亦云:拣尽寒枝不肯栖,寂寞沙洲冷。前者自甘寂寞,笑傲江湖;后者实属无奈,情由心发。然有心无力者,同也。吾不敢追先贤之寂寞,贻笑大方;但凭得一知己者,共话寂寥。

后 记

　　无风三尺浪,浪板跃天际。恨吾不足勇,羡煞弄潮儿。独坐水穷处,白沙没脚踝。且喜海之韵,缓缓乐开怀。孰料放眼望去,默默悲从中来:江山如画,非我故土;青发碧眼,多为异族。乐不思蜀?自欺犹不可,如何欺人!

　　吾尝扪心自问:爱国乎、爱家乎、爱高堂妻儿乎?身处国内,不以为然;蛰居海外,体会切身。国泰则心安,家好则心暖。感念现代巧技,日日与儿闲语,得解寂寞;披恩出口经济,餐餐食与家同,宽慰肚肠。然则,曹营虽好,终非久居之所;汉地积弱,亲朋寄身之地。孤悬海外,无味也!

　　适此良辰美景,本不宜多思;比较海内国外,实难免无虑。想我泱泱华夏,不乏美景胜地,然尽情享乐者少。民众劳心劳力,只得安身立命。遇大病小灾,每凄凄无依。国富,一派盛世之相;民穷,终生碌碌之身。贵者,香车华服奢靡;贱者,饥馑困苦无助。此地人人皆可冲浪划艇,国内惟富人闲暇游戏耳!为何?官家无保障,苍生被竞争也。长此以往,国民身体堪忧,心灵疲惫;徒留经济增长,数据也,何用耶!

　　犹有虑者,经济失衡,雾霾笼罩,黄沙漫天。损毁青山绿水无数,似此碧浪清波愈少。蝇营城镇建设,赶超工业发展。君不见外国乡村野地,一派旖旎景象;居民闲适,仰望蓝天白云。国家战略短视,专注经济发展;国民文化畸形,不耻拜金主义。以疲于奔命之身,安得静心养性之神;以攀比觊觎之心,安得齐家治国之道。

　　大道若水。水无常形,随物赋形。民无常态,率性而为。社会、经济、生态,相辅相成者,概决于经邦方略。望吾主时记古人之诫:水可载舟,亦可覆舟!以民为本者,上策也。

　　思虑良久,不觉多时。望千里波涛,陡然胸襟开阔;吐百字忧思,终究愤懑全消。忽念及东坡词句:浪淘尽,千古风流人物。吾欠风流,一过客罢!身在江湖,何忧其君;犹自飘蓬,怎忧其民。

　　罢了。小舟从此逝,江海寄余生。

本书付梓之际，还是感慨良多。学术道路无尽头，希望这是好的开端。

夜已深，人渐酣；笔轻搁，人浅笑。

喻登科

2018年4月12日于南昌红谷新城